Stephan Cybulski

Die Kultur der Griechen und Römer

Bilderatlas der Gebrauchsgegenstände und Bauten

Stephan Cybulski

Die Kultur der Griechen und Römer

Bilderatlas der Gebrauchsgegenstände und Bauten

ISBN/EAN: 9783955643744

Auflage: 1

Erscheinungsjahr: 2013

Erscheinungsort: Bremen, Deutschland

@ EHV-History in Access Verlag GmbH, Fahrenheitstr. 1, 28359 Bremen. Alle Rechte beim Verlag und bei den jeweiligen Lizenzgebern.

Die Kultur der Griechen und Römer

dargestellt an der Hand ihrer

Gebrauchsgegenstände und Bauten

—

Bilderatlas mit erläuterndem Text

nach

Tabulae quibus antiquitates graecae et romanae illustrantur

unter Mitwirkung von Fachgelehrten

herausgegeben von

STEPHAN CYBULSKI

Oberlehrer am III. St. Petersburger Gymnasium

LEIPZIG 1905

K. F. Koehler

VORWORT.

Die fortschreitende Erkenntnis, daß durch die Anschauung das Lernen bedeutend erleichtert und das Wissen gefestigt wird, hat dazu geführt, dem belehrenden Anschauungsbild wie in der Schule so auch im Hause immer mehr die gebührende Beachtung zuzuwenden, ja man kann fast schon behaupten, daß in der bildlichen Darstellung manchmal etwas zuviel des Guten getan wird.

Wenn wir infolgedessen über fast alle Erscheinungen des modernen Lebens reichhaltiges und teilweise vorzügliches Anschauungs- bezw. Bildermaterial besitzen, so sind wir es insbesondere der lernenden Jugend schuldig, ihr auch von dem Leben und Schaffen der Alten, mit denen sie sich so viel zu beschäftigen hat, an deren Kultur sie ihre Bildung bereichern soll, eine lebendige Anschauung zu geben durch das Bild. Unter den Anschauungsmitteln, die diesem Zwecke dienen, nimmt das von Oberlehrer Stephan Cybulski herausgegebene Wandtafelwerk Tabulae quibus antiquitates graecae et romanae illustrantur wohl den ersten Platz ein. Es wird in fast allen höheren Schulen Deutschlands und in vielen des Auslandes beim Unterricht in der alten Geschichte und bei der Lektüre der antiken Schriftsteller gebraucht.

Der Anklang, den solchergestalt das große farbige Tafelwerk in der Schule fand, legte den Gedanken nahe, das darin behandelte interessante Anschauungsmaterial auch in einer für den Gebrauch des Schülers geeigneten Form zu veröffentlichen. Dieser Gedanke ist mit dem vorliegenden Atlas in der Weise verwirklicht, daß die auf den Wandtafeln farbig dargestellten Gegenstände, Bauten etc. auf den Blättern des Atlases in verkleinerten unkolorierten Reproduktionen der Konturen wiedergegeben sind. Fehlt in dieser Art der Darstellung somit auch die Farbe, so sind diese kleinen Tafeln in Verbindung mit dem durch Fachgelehrte bearbeiteten kurzen Text doch völlig ausreichend, dem Schüler, der Interesse am klassischen Altertum hat, eine deutliche Vorstellung von den Gebrauchsgegenständen und Bauten, kurz von der materiellen Kultur der Alten zu vermitteln.

Die Darstellung auf den Tafeln erfolgte wissenschaftlich genau nach gefundenen Originalen, nach Beschreibungen klassischer Schriftsteller und nach antiken Denkmälern in Malerei, Bildhauerei und Architektur, wobei die Resultate der neuesten Forschungen und, wie beim Plan von Athen, auch die der letzten Ausgrabungen mit berücksichtigt wurden.

Der erläuternde Text, welcher dem Atlas beigegeben ist und in gedrängter Kürze das zum Verständnis der Tafeln Nötige enthält, ist von einigen der Gelehrten verfaßt, welche die ausführlicheren Erläuterungen zu den Wandtafeln geliefert haben, nämlich vom Herausgeber Stephan Cybulski in St. Petersburg und seinen Mitarbeitern, den Herren Walter Amelung in Rom, Ernst Bodensteiner in München, Robert Loeper in Konstantinopel, Eugen Pridik in St. Petersburg und Michael Rostowzew in St. Petersburg.

Die auf den Tafeln bei jedem einzelnen Gegenstand beigefügte Bezeichnung in griechischer und lateinischer Sprache ist im Inhaltsverzeichnis nochmals mit deutscher Übersetzung abgedruckt, so daß dem Schüler das zeitraubende Nachschlagen unbekannter Wörter im Wörterbuch erspart bleibt. Außerdem ist damit aber auch dem des Griechischen und Lateinischen Unkundigen die Benutzung des vorliegenden Werkes ermöglicht worden.

Somit dürfte das Werk seinen Zweck, der reiferen Jugend ein willkommenes Hilfsmittel bei der Lektüre der antiken Schriftsteller zu sein und ihr die Sitten und Gebräuche der Alten verständlich zu machen, wohl erfüllen. Im letzten Sinne wird es auch dem Schüler der oberen Klassen von Bürger- und Volksschulen gute Dienste leisten, und wir wünschen ihm auch in diesen Kreisen recht viele Freunde.

Die Verlagshandlung
K. F. Koehler, Leipzig.

Der Herausgeber
Stephan Cybulski.

Inhaltsverzeichnis.

Abkürzungen:
l. = links.   M. = Mitte.   o. = oben.   r. = rechts.   u. = unten.

Tafel I. (2. Aufl.)

Ἀμυντήρια ὅπλα καὶ βέλη. Arma et tela Graecorum. Griechische Schutz- und Angriffswaffen.

(Die Gegenstände, deren Bezeichnung unterstrichen ist, gehören der mykenischen und homerischen Zeit an.)

Obere Reihe: Κόρυς, πήληξ, κυνέη. Helm.
Κυνέη ὄιοῦ ποιητή. Aus Lederriemen geflochtener Helm.
Κόρυς Κορινθία (αὐλῶπις). Korinthischer Visierhelm mit Röhren („röhrenäugig").
Κόρυς ἀμφίφαλος. Helm mit zwei Bügeln.
Κόρυς Ἀττική. Attischer Helm. (Φάλαρα, Backenklappen(?); φάλος, Nasenschirm(?).)
Κυνέη ἀμφίφαλος. (Visier-)Helm mit doppeltem Bügel.
Κόρυς Κορινθία. Korinthischer Helm. (Λόφος, Helmbusch.)
Κυταῖτυξ (κυνέη). Lederkappe.
Κόρυς (Φρυγία). Phrygischer Helm.
Κόρυς σιδηρᾶ. Eiserner Helm.

Mittelgruppe: Θώραξ. Panzer.
Σπολάς. Lederkoller.
Θώραξ λεπιδωτός. Schuppenpanzer. (Ὦμος, Schulterstück; ζώνη, Gürtel; ζῶμα, Schurz; πτέρυγες, Lederstreifen des Schurzes.)
Θώραξ στάδιος. Plattenpanzer. (Γύαλον, die eine der Panzerschalen.)

L. von der Mittelgruppe: Ἀκινάκης Σκυθικός. Skythischer Degen (die Scheide).
Ξίφος, φάσγανον, ἆορ. Schwert.
Κοπίς, μάχαιρα. Krummsäbel.
Ξίφος. (Kurz-)Schwert. (Κώπη, λαβή, Griff; κολεός, Scheide.)
Ἐγχειρίδιον. Dolch, dahinter Kurzschwert.
Μάχαιρα. Messer.
Κώπη (λαβή). Mykenischer Schwertgriff.
Ἐγχειρίδιον. Mykenische Dolchklinge.
Ξυήλη. Sichelartiger Krummsäbel.

R. von der Mittelgruppe: Δόρυ, ἄκων, ἔγχος, ἐγχείη, αἰχμή. Lanze, Speer. (Λόγχη, αἰχμή, Lanzenspitze; αὐλός, Tülle; πόρκης, Zwinge; δόρυ, Lanzenschaft; σαυρωτήρ, οὐρίαχος, Lanzenschuh.)
Αἰχμὴ σιωτοῦ τριγλώχινος. Pfeilspitze mit drei Widerhaken.
Ὄγκοι ἰοῦ. Widerhaken des Pfeiles.
Ὀιστός, ἰός, βέλος. Pfeil. (Ὄγκοι, Widerhaken; δῶνξ, Pfeilschaft; γλυφίς, Kerbe.)
Φαρέτρα. Köcher.
Τόξον. Bogen. (Πῆχυς, Dug; κέρας, Horn; κορώνη, metallbeschlagenes Hornende des Bogens; νευρά, Sehne.)

Untere Reihe: Ἀσπίς, σάκος, βοείη (Βοιωτία). (Böotischer) Schild.
Ζωστήρ (μίτρη). Gürtel (Leibgurt).
Κνημίς. Beinschiene (l. und r.).
Νεῖρ. Panzerbekleidung des Arms.
Τελαμών. Tragriemen.
Ἐπισφύριον. Gamaschen- und Beinschienenhalter. Knöchelspange.
Μύωψ. Sporn.
Ἅρμα, ὄχεα, δίφρος. Streitwagen.
Ὀμφαλὸς ἀσπίδος. Schildbuckel.
Ἀξίνη. Streitaxt.
Ἀσπὶς Ἀργολική. Argivischer (Rund-)Schild mit λαισήιον πτερόεν, („flatterndem") Schurzfell. (Ἄντυξ, Schildrand; κανών, Schildbügel; πόρπαξ, Schildriemen.)
Πέλτη Ἀμαζονική. Amazonenschild.

Tafel II. (2. Aufl.)

Ἑλληνικοὶ στρατιῶται. Milites Graeci. Griechische Krieger.

O. l.: (Ἀρχαῖος) Μυκηναῖος στρατιώτης. (Prähistorischer) mykenischer Krieger.
r.: Ὁπλίτης. Schwerbewaffneter.
U. l.: Ἀθηναῖος ἱππεὺς (πελταστής). Athenischer Reiter (Peltast).
r.: (Ἀμαζών) Γυμνήτης. Amazone als Typus eines Leichtbewaffneten.
Medaillon M.: (Ἀμαζών) Σαλπιγκτής. Amazone als Trompeter.
     u.: Ἱπποτοξότης (Σκύθης). Berittener Bogenschütze (Skythe).

Tafel IIIa 1. 2. (2. Aufl.)

Nummi Graeci. Νομίσματα Ἑλληνικά. Griechische Münzen.

Taf. IIIa 1. 1. Τετράδραχμον Ἀττικόν = 4 Dr(achmen). VI s. Æ. Attisches Vierdrachmenstück. VI. Jahrh. Silber.
2. Δεκάδραχμον Ἀττικόν = 10 Dr(achmen). VI/V s. Æ. Attisches Zehndrachmenstück. VI./V. Jahrh. Silber.
3. Τετράδραχμον Ἀττικόν = 4 Dr. VI/V s. Æ. Attisches Vierdrachmenstück. VI./V. Jahrh. Silber.
4. Δίδραχμον Ἀττικόν = 2 Dr. VI/V s. Æ. Attisches Zweidrachmenstück. VI./V. Jahrh. Silber.
5. Δραχμὴ Ἀττική = 1 Dr. VI/V s. Æ. Attische Drachme. VI./V. Jahrh. Silber.
6. Τριώβολον Ἀττικόν = ½ Dr. VI/V s. Æ. Attisches Dreibolenstück. VI./V. Jahrh. Silber.
7. Στατὴρ χρυσοῦς Ἀττικός. V/IV κ. Ν. Attischer Goldstater. V./IV. Jahrh.

8. Τετράδραχμον Ἀττικόν = 4 Dr. II./I s. ℞. Attisches Vierdrachmenstück. II./I. Jahrh. Silber.
9. Στατὴρ χρυσοῦς Κροίσειος. 568—554. N/. Goldstater des Kroisos.
10. Δαρεικός χρυσοῦς. N/. Golddareike (Münze des Dareios I. 522—485).
11. Ὀκτάδραχμον Περσικὸν Σιδώνιον. 465—359. ℞. Persisches Achtdrachmenstück aus Sidon. Silber.
12. Ἕκτη Φωκαΐς = ¹⁄₆ Stater. V./IV s. EL. ¹⁄₆ Stater aus Phokaia. Elektron (Weißgold).
13. } Στατῆρες ἀργυροῖ Αἰγινητικοί. { VII s.
14. } { IV s. ℞. Äginetische Silberstatere. VII. und IV. Jahrh.
15. Τετράδραχμον Ἐρετριακόν. VI s. ℞. Vierdrachmenstück aus Eretria. VI. Jahrh. Silber.
16. Στατὴρ χρυσοῦς Λαμψακηνός. V s. N/. Goldstater aus Lampsakos. V. Jahrb.
17. } Στατῆρες Κορίνθιοι (πῶλοι). { VII/VI s.
18. } { IV s. ℞. Korinthische Silberstatere (sog. „Füllen"). VII./VI. und IV. Jahrh.
19. Σιδήρος Ἀργείος. VI s. Ferrum. Eiserne Münze von Argos. VI. Jahrh.
20. Στατὴρ Ἀργεῖος. IV s. ℞. Silberstater von Argos. IV. Jahrh.
21. Τετράδραχμον Μεσσηνιακόν. IV s. ℞. Messenisches Vierdrachmenstück. Ende des IV. Jahrh. Silber.
22. Στατὴρ Ἠλείων. V s. ℞. Silberstater der Eleer. V. Jahrh.
23. Στατὴρ τοῦ κοινοῦ τῶν Ἀρκάδων. IV s. ℞. Silberstater des arkadischen Bundes. IV. Jahrh.
24. Ἡμίδραχμον τῆς Ἀχαϊκῆς συμπολιτείας. IV s. ℞. ¹⁄₂ Drachme des achäischen Städtebundes. IV. Jahrh. Silber.
25. Τετράδραχμον Κνωσίων. II./I s. ℞. Silbernes Vierdrachmenstück von Knosos (Kreta). II./I. Jahrh.
26. } Στατῆρες Βοιωτικοί. { V/IV s.
27. } { IV s. ℞. Böotische Silberstatere. V./IV. und IV. Jahrh.
28. Στατὴρ Δελφικός. IV s. ℞. Delphischer Silberstater. IV. Jahrh. (c. 346).
29. Στατὴρ Λοκρῶν Ὀπουντίων. IV s. ℞. Silberstater der opuntischen Lokrer. IV. Jahrh.
30. Τετράδραχμον Αἰτωλικόν. III. Jahrh. ℞. Ätolisches Vierdrachmenstück. III. Jahrh. Silber.
31. Στατὴρ χρυσοῦς βασιλέως Πύρρου. N/. Goldstater des Königs Pyrrhos (295—272).
32. Διδραχμον βασιλέως Πύρρου. ℞. Silbernes Zweidrachmenstück des Königs Pyrrhos (295—272).
33. Τετράδραχμον Ἀμφιπολιτῶν. ℞. Silbernes Vierdrachmenstück von Amphipolis. c. 400.
34. Στατὴρ χρυσοῦς βασιλέως Φιλίππου β'. N/. Goldstater des Königs Philipp II. (359—336).
35. Διστατὴρ χρυσοῦς (N/)
36. Τετράδραχμον (℞) } βασιλέως Ἀλεξάνδρου τοῦ μεγάλου. Doppelstater (Gold) und Vierdrachmenstück (Silber) Alexanders des Großen (336—323).
37. Τετράδραχμον βασιλέως Δημητρίου τοῦ Πολιορκητοῦ. ℞. Silbernes Vierdrachmenstück des Demetrios Poliorketes (306—283).

Taf. IIIa 2. 1. Τετράδραχμον βασιλέως Δημητρίου τοῦ Πολιορκητοῦ. ℞. Silbernes Vierdrachmenstück des Demetrios Poliorketes (306—283).
2. } Τετράδραχμον βασιλέως { Φιλίππου ε'.
3. } { Περσέως. ℞. Silberne Vierdrachmenstücke der Könige Philipp V. (220—179) und Perseus (178—168).
4. Στατὴρ χρυσοῦς Παντικαπαιτῶν. IV s. N/. Goldstater von Pantikapaion. IV. Jahrh.
5. Τετράδραχμον βασιλέως Λυσιμάχου. ℞. Silbernes Vierdrachmenstück des Königs Lysimachos (323—281).
6. } { Μιθραδάτου δ'.
7. } Τετράδραχμα (℞) βασιλέως { Φαρνάκου α'.
8. } { Μιθραδάτου ς' τοῦ μεγάλου. Silberne
9. } { Ἀττάλου γ'.
Vierdrachmenstücke der Könige Mithradates IV. (250—190),

Pharnakes I. (190—187), Mithradates VI. d. Gr. (121—63) von Pontos und Attalos III. (190—187, ließ 138—133) von Pergamon.
10. Κιστοφόρος Ἀδραμυττηνῶν. II s. ℞. Silbermünze von Adramyttion mit der mystischen Ciste. II. Jahrh.
11. Τετράδραχμον Σμυρναίων. II s. ℞. Silbernes Vierdrachmenstück von Smyrna. II. Jahrh.
12. Τετράδραχμον Ἐφεσίων. IV s. ℞. Silbernes Vierdrachmenstück von Ephesos. IV. Jahrh.
13. Χαλκοῦν νόμισμα Ἀμαστριανῶν. II s. p. Chr. Kupfermünze von Amastris. II. Jahrh. n. Chr.
14. Στατὴρ χρυσοῦς Ῥοδίων. IV s. N/. Goldstater von Rhodos. IV. Jahrh.
15. Τετράδραχμον βασιλέως Σελεύκου β'. Vierdrachmenstück des Königs Seleukos II. (246—226).
16. Ὀκτάδραχμον βασιλέως Ἀντιόχου γ' τοῦ μεγάλου. N/. Goldenes Achtdrachmenstück des Königs Antiochos III. d. Gr. (222—187).
17. { Ἀντιόχου ς' τοῦ Διονύσου.
18. Τετράδραχμα (℞) βασιλέων { Δημητρίου β' τοῦ Νικάτορος.
19. { Τιγράνου.
Silberne Vierdrachmenstücke der Könige Antiochos VI. Dionysos (145—142), Demetrios II. Nikator (146—138 und 130—125) und Tigranes (83—69).
20. Σίγλος Ἰουδαϊκός. 138. ℞. Jüdischer Silberschekel.
21. Τετράδραχμον βασιλέως Εὐκρατίδου. ℞. Silbernes Vierdrachmenstück des Königs Eukratides von Baktrien (200—150).
22. Τετράδραχμον βασιλέως Πτολεμαίου α' τοῦ Σωτῆρος. ℞. Silbernes Vierdrachmenstück des Königs Ptolemaios I. Soter (323—284).
23. { Πτολεμαίου β' καὶ Ἀρσινόης β'.
24. Ὀκτάδραχμα (χρύσεα) (N/) { Πτολεμαίου γ'.
25. { Βερενίκης β'.
Goldene Achtdrachmenstücke des Ptolemaios II. (285—247) und seiner Schwester und Gemahlin Arsinoe II.; des Ptolemaios III. (247—222), seiner Gemahlin Berenike II.
26. Δωδεκάδραχμον Καρχηδονικόν. III s. ℞. Karthagisches Zwölfdrachmenstück. III. Jahrh.
27. Δεκάδραχμον (ἢ πεντηκοντάλιτρον) Ἀκραγαντίνων. V s. fin. ℞. Silbernes Zehndrachmenstück (= 50 Litren) von Agrigent. Ende des V. Jahrh.
28. Δεκάδραχμον Δαμαρέτειον. V s. c. 480. ℞. Silbernes Zehndrachmenstück der Demarete. V. Jahrh., c. 480.
29. Τετράδραχμον Συρακοσίων. IV s. ℞. Silbernes Zehndrachmenstück von Syrakus. IV. Jahrh.
30. 32-λιτρον βασιλέως Ἱέρωνος β'. Münze (=32 Litren) Hierons II. von Syrakus (275—216).
31. Τετράδραχμον Ναξίων. V s. ℞. Silbernes Vierdrachmenstück von Naxos auf Sizilien. V. Jahrh.
32. Στατὴρ χρυσοῦς Ταραντίνων. IV s. N/. Tarentinischer Goldstater. IV. Jahrh.
33. } Στατῆρες ἀργυροῖ (℞) } Μεταποντίων. VI/V s.
34. } { Κροτωνιατῶν. VI/V s. Silberstatere von Metapont und Kroton. VI./V. Jahrh.

Tafel IIIb 1. 2. (2. Aufl.)

I. Nummi Romani temporibus rei publicae liberae flati vel cusi. Gegossene und geprägte römische Münzen aus der Zeit der Republik.

1. As libralis. IV./III s. a. Chr. Æ. Libral- (Pfund-) As. IV./III. Jahrh. v. Chr. Kupfer.
2. Semis libralis. IV./III s. a. Chr. Æ. ¹⁄₂ As nach dem Libralfuß (= ¹⁄₂ Pfund). IV./III. Jahrh. v. Chr. Kupfer.
3. Triens libralis. IV./III s. a. Chr. Æ. ¹⁄₃ As nach dem Libralfuß (= ¹⁄₃ Pfund). IV./III. Jahrh. v. Chr. Kupfer.
4. Quadrans libralis. IV./III s. a. Chr. Æ. ¹⁄₄ As nach dem Libralfuß (= ¹⁄₄ Pfund). IV./III. Jahrh. v. Chr. Kupfer.
5. Sextans trientalis. III s. ineunte. Æ. ¹⁄₆ As nach dem Trientral- (¹⁄₃ Pfund-) Fuß. Anfang des III. Jahrh. Kupfer.

6. Uncia trientalis. III s. ineunte. Æ. Unze ($^1/_{12}$ As) nach dem Triental-($^1/_3$ Pfund-)Fuß. Anfang des III. Jahrh. Kupfer.
7. Decussis trientalis. III s. ineunte. Æ. 10 As nach dem Triental-($^1/_3$ Pfund-)Fuß. Anfang des III. Jahrh. Kupfer.
8. Semis semiuncialis e lege Papiria cusus. 89 a. Chr. Æ. $^1/_2$ As nach dem Semiuncial-($^1/_{24}$ Pfund-)Fuß, geprägt auf Grund des Papirischen Münzgesetzes (89 v. Chr.). Kupfer.
9. Victoriatus. III s. ﷼. $^3/_4$ Denar, sog. Viktoriamünze. III. Jahrh. Silber.
10. LX Sestertii. IV/III s. a. Chr. ⩘. Goldmünze von 60 Sestertien. IV./III. Jahrh. v. Chr.
11. XXXX Sestertii. IV/III s. a. Chr. ⩘. Goldmünze von 40 Sestertien. IV./III. Jahrh. v. Chr.
12. XX Sestertii. IV/III s. a. Chr. ⩘. Goldmünze von 20 Sestertien. IV./III. Jahrh. v. Chr.
13. Denarius Romano-Campanus. IV/III s. a. Chr. ﷼. Römisch-kampanischer Silberdenar. IV./III. Jahrh. v. Chr.
14. Denarius. III s. ﷼. Silberdenar. III. Jahrh.
15. Quinarius. III s. ﷼. $^1/_2$ Denar. III. Jahrh. Silber.
16. Sestertius. III s. ﷼. Silbersesterz. III. Jahrh.
17. Denarius quadrigatus. II s. fin. ﷼. Silberdenar mit Viergespann. Ende des II. Jahrh.
18. Denarius bigatus. II s. fin. ﷼. Silberdenar mit Zweigespann. Ende des II. Jahrh.
19. Denarius serratus. ﷼. Silberdenar mit gezacktem Rand. c. 92.
20. ﷼. Silberdenar. c. 48.
21. ﷼. Silberdenar. c. 46.
22. ⩘. II s. init. Goldmünze. Anfang des II. Jahrh.
23. ﷼. Silbermünze. 91—88.
24. ⩘. Goldmünze. 46.
25. C. Iulius Caesar. 44. ﷼ (Silber).
26. Servius Sulpicius Rufus. 44/3. ﷼ (Silber).
27. M. Iunius Brutus. 44—42. ⩘ (Gold).
28. Antonius & Octavia. 40. ⩘ (Gold).
29. Cleopatra. 34. ﷼ (Silber).
30. Sextus Pompeius. 76—35. ⩘ (Gold).
31. Cn. Pompeius Magnus. 46/5. ﷼ (Silber).

II. Nummi imperatorum Romanorum. Römische Kaisermünzen.

Æ = Kupfermünze. ﷼ = Silbermünze. ⩘ = Goldmünze.

1. Æ } Augustus (27 v. Chr. — 14 n. Chr.).
2. ⩘ }
3. Livia, Augusti uxor. Æ. Livia, Gemahlin des Augustus.
4. M. Vipsanius Agrippa (63—12). Æ.
5. Tiberius (14—37). Æ.
6. Germanicus. Æ.
7. C. Caesar (Caligula) (37—41). Æ.
8. Claudius (41—54). Æ.
9. Nero (54—68). Æ.
10. Galba (68—69). Æ.
11. Otho (69). Æ.
12. Vitellius (69). Æ.
13. Vespasianus (69—79). Æ.
14. Titus (79—81). Æ.
15. Domitianus (81—96). Æ.
16. Nerva (96—99). Æ.
17. Traianus (98—117). Æ.
18. Hadrianus (117—138). Æ.
19. Antoninus Pius (138—161). Æ.
20. M. Aurelius Antoninus philosophus (161—180). Æ.
21. Commodus (180—192). Æ.
22. Pertinax (192). Æ.
23. Septimius Severus (193—211). Æ.
24. Caracalla (211—217). Æ.
25. Geta (211—212). Æ.
26. Elagabalus (218—222). ⩘.
27. Severus Alexander (222—235). Æ.
28. Maximinus (235—238). Æ.
29. Gordianus (238—243). Æ.
30. Philippus Arabs (244—249). Æ.
31. Traianus Decius (249—251). Æ.
32. Gallienus (253—268).   ⎫ ﷼ (argenteus Antoninianus;
33. Salonina, Gallieni uxor. ⎬ eine von Antoninus Caracalla
    Salonina, des Gallienus Gemahlin ⎭ eingeführte Silbermünze).
34. Aurelianus (270—275). Æ.
35. Probus (276—282). Æ.
36. Numerianus (283—284). ⩘.
37. Diocletianus (284—305). Æ (follis; Doppeldenar, sog. Beutelgeld).
38. Constantius Chlorus (292—306). Æ.
39. Helena. Æ (centenionalis; $^1/_2$ Denar).
40. Constantinus Magnus (306—337). ⩘.
41. Iulianus Apostata (355—363). Æ.
42. Theodosius (379—395). ⩘, solidus (die von Konstantin eingeführte Goldmünze).
43. Honorius (395—423).
44. Valentinianus III. (424—455). ⩘, triens ($^1/_3$ solidus).

Tafel IV.
Πλοῖα. Navigia. Schiffe.

Obere Reihe l.: Νηῦς μελαίνη. Navis antiqua (Homerica?). Altertümliches griechisches Schiff (etwa homerische Zeit). — Φορτίς (ναῦς). Navis oneraria (saec. VI. a. Chr. n.). Griechisches Lastschiff (VI. Jahrh. v. Chr.). — Ναῦς μακρά — μεγάλη. Navis longa (saec. VII.—VI. a. Chr. n.). Griechisches Kriegsschiff (VII.—VI. Jahrh. v. Chr.).
Obere Reihe M.: Navis Aegyptia (saec. XVIII. a. Chr. n.). Ägyptisches Schiff (XVIII. Jahrh. v. Chr.).
Obere Reihe r.: Ναῦς μακρά. Navis longa (saec. VI.—V. a. Chr. n.). Zweiruderiges griechisches Kriegsschiff (VI.—V. Jahrh. v. Chr.). — Πλοῖον φορτικόν — Ὀλκάς. Navis oneraria (saec. VI.—V. a. Chr. n.). Griechisches Lastschiff (VI.—V. Jahrh. v. Chr.).
Mittlere Reihe l.: Τριήρης. Triremis (saec. IV. a. Chr. n.). Griechischer Dreiruderer (IV. Jahrh. v. Chr.).
Mittlere Reihe M.: Ἄγκυραι. Ancorae. Anker. — Navis oneraria — mercatoria (saec. II. p. Chr. n.). Römisches Handelsschiff (II. Jahrh. n. Chr.). — Pharus. Leuchtturm.
Mittlere Reihe r.: Πρῷρα νεὼς μακρᾶς. Prora navis longae. Bug eines Kriegsschiffes. — Σκάφος, σκαφίδιον. Scapha. Boot. — Ἄφλαστον νεὼς μακρᾶς. Aplustre navis longae. Achterteil eines (zweiruderigen) Kriegsschiffes. — Πρύμνη ὁλκάδος (πλοίου στρογγύλου — φορτικοῦ). Puppis navis onerariae — frumentariae. Achterteil eines Getreideschiffes.
Untere Reihe l.: Navis actuaria moneris (saec. I. p. Chr. n.). Einruderiges leichtes Kriegsschiff (I. Jahrh. n. Chr.). — Navis Liburna speculatoria (saec. I. p. Chr. n.). Liburnisches Spähschiff (I. Jahrh. n. Chr.). — Linter (saec. I. p. Chr. n.). Kahn (I. Jahrh. n. Chr.). — Biremis (scapha). Zweiriemiges Boot. — Navis oneraria (saec. II. p. Chr. n.). Lastschiff (II. Jahrh. n. Chr.).
Untere Reihe M.: Navis longa triremis (saec. I.). Dreiruderiges römisches Linienschiff (I. Jahrh.).
Untere Reihe r.: Navis actuaria (saec. I. p. Chr. n.). Zweiruderiges leichtes Kriegsschiff (I. Jahrh. n. Chr.). — Navis longa biremis turrita (saec. I. p. Chr. n.). Zweiruderiges Kriegsschiff mit Turm (I. Jahrh. n. Chr.).

Tafel V.
Arma et tela exercitus Romani. Schutz- und Angriffswaffen des römischen Heeres.

1. Cassis. (Arcus Constantini.) Metallhelm. (Vom Triumphbogen des Konstantin.) Crista, Helmbusch; bucculae, Backenklappen.

2. Cassis. (Museum Britannicum.) Metallhelm. (Im Britischen Museum.) Bucculae, Backenklappen.
3. Cassis centurionis. (Museum Vindobonense.) Helm eines Zenturionen. (Nach einem Relief im Museum zu Wien.) Crista transversa, quergestellter Kamm.
4. Cassis cum ore. (Museum Stutgardiense.) Helm mit Gesichtsmaske. (Stuttgart, Museum.)
5. Galea. (Columna Traiani.) Lederhelm. (Von der Trajanssäule.)
6. Corona muralis. (Inventa ad Romam.) Mauerkrone. (Bei Rom gefunden.)
7. Corona rostrata. (Ad nummum in honorem Agrippae cusum.) Schiffskrone. (Nach einer zu Ehren des Agrippa geprägten Münze.)
8. Lorica segmentata. (Columna Traiani.) Streifenpanzer. (Trajanssäule.) Focale, Halstuch; humerale, Schulterstück; balteus, Tragriemen; cingulum, Gürtel.
9. Loricae squamatae specimen. (Eichbühel ad Dunum.) Stück eines Schuppenpanzers. (Eichbühel bei Thun.)
10. Loricae hamatae specimen. (Museum Mogontinum.) Stück eines Kettenpanzers. (Mainz, Museum.)
11. Martiobarbulus. (Museum quod est Aquis Mattiacis.) Handpfeil. (Wiesbaden, Museum.)
12. Gladius Hispaniensis. (Museum Britannicum.) Spanisches (Stoß-) Schwert. (Britisches Museum.) Capulus, Griff; vagina, Scheide.
13. Pugio. (Museum quod est Noviomagi.) Dolch. (Speyer, Museum.) Mucro, Klinge.
14. Glandes. (Ad Asculum inventae.) Schleuderbleie. (Bei Askulum gefunden.) (Die Inschrift auf den beiden Seiten des dargestellten Stückes lies FERI POMP(eium), triff den Pompejus!)
15. Pilum. (Museum quod est Aquis Mattiacis.) Wurfspeer. (Wiesbaden, Museum.)
16. Hasta. (Museum Sangermanense.) Stoßlanze. (Saint Germain, Museum.) Cuspis, Lanzenspitze.
17. Aquila. (Museum Mogontinum.) Legionsadler. (Nach einem Relief im Museum zu Mainz.)
18. Vexillum. (Columna Traiani.) Fähnlein der Reiterei. (Trajanssäule.)
19. Signum. (Columna Traiani.) Feldzeichen des Fußvolks. (Trajanssäule.)
20. Scutum. (Museum quod est Aquis Mattiacis.) Rechteckiger Schild. (Nach einem Relief im Museum zu Wiesbaden.)
21. Scutum sexangulum. (Columna Traiani.) Sechseckiger Schild. (Trajanssäule.)
22. Cornu. (Columna Traiani.) Signalhorn. (Trajanssäule.)
23. Tuba. (Arcus Titi.) Trompete. (Titusbogen.)

Tafel VI. VII.
Milites Romani. Die römischen Soldaten.

Taf. VI. L. o.: Miles legionarius liberae reipublicae aetate. (Simulacrum exstat Parisiis in Museo tormentario.) Legionssoldat aus der Zeit der Republik. (Nach einem Modell im Pariser Artilleriemuseum.)

R. o.: Miles impeditus principatus aetate. (Ad columnam Traianae prostypon.) Legionssoldat in Feldrüstung, Kaiserzeit. (Nach einem Relief der Trajanssäule.)

L. u.: Miles levis armaturae principatus aetate. (Ad ectypon sepulcrale Musei Mogontini.) Soldat in leichter Ausrüstung, Kaiserzeit. (Nach einem Grabrelief im Mainzer Museum.)

R. u.: Funditor. (Ad columnae Traianae prostypon.) Schleuderer. (Nach einem Relief der Trajanssäule.)

Taf. VII. L. o.: Imperator. (Ad statuam G. Iulii Caesaris, quae est in museo Neapolitano.) Oberfeldherr. (Nach einer Statue G. Julius Cäsars im Museum zu Neapel.)

R. o.: Centurio. (Ad ectypon sepulcrale musei Veronensis.) Centurio. (Nach einem Grabrelief im Museum zu Verona.)

L. u.: Signifer auxiliarius principatus aetate. (Ad ectypon sepulcrale musei Bonnensis.) Standartenträger bei den Hilfstruppen, Kaiserzeit. (Nach einem Grabrelief im Museum zu Bonn.)

R. u.: Eques. (Ad columnae Traianae prostypon.) Reiter. (Nach einem Relief der Trajanssäule.)

Tafel VIII.
Castra Romana. Das römische Lager.

O.: Castra liberae reipublicae aetate (apud Polybium). Lager in der republikanischen Zeit nach der Beschreibung bei Polybios. 1. Porta praetoria. Vorderes Hauptter (zum Feldherrnzelt). 2. Porta decumana. Rückwärtiges Hauptter (beim 10. Manipel). 3. Porta dextra. Rechtes Seitentor. 4. Porta sinistra. Linkes Seitentor. 5. Praetorium. Feldherrnzelt und Platz rings um dasselbe. 6. Forum. Versammlungsplatz. 7. Quaestorium. Zelt des Kriegsschatzmeisters. 8. Tribuni. Tribunen. 9. Praefecti sociorum. Anführer der bundesgenössischen Truppen. 10. Legati. Legaten. 11. Podites delecti. Leibwache zu Fuß. 12. Equites delecti. Leibwache zu Pferd. 13. Equites extraordinarii. Auserlesene bundesgenössische Truppen zu Pferd. 14. Podites extraordinarii. Auserlesene bundesgenössische Truppen zu Fuß. 15. Auxilia. Hilfstruppen. 16. Podites sociorum. Bundesgenössische Infanterie. 17. Equites sociorum. Bundesgenössische Reiterei. 18. Hastati. Legionssoldaten, 1. Treffen. 19. Principes. Legionssoldaten, 2. Treffen. 20. Triarii. Legionssoldaten, 3. Treffen. 21. Equites Romani. Römische Reiterei. 22. Ara. Altar. 23. Via principalis. Hauptquerstraße („zum Hauptplatz führend") . 24. Via quintana. Zweite Querstraße (beim 5. Manipel). 25. Via praetoria. Längsstraße (Straße zum Feldherrnzelt). 26. Stationes. Wache.

U.: Castra principatus aetate (apud Hyginum). Lager in der Kaiserzeit nach der Beschreibung bei Hyginus.

Tore wie oben; porta principalis dextra und sinistra vertauscht zu denken.

Straßen wie oben, dazu via sagularis (Umgang an allen vier Seiten des Lagers).

Teile: Praetentura, vorderer Teil, enthaltend: 1. Legion Kohorte 2 und 3, II. Legion Kohorte 2 und 3, III. Legion ganz (Kohorte 1—10); 3. Kohorte der vexillarii (Reservekorps); fabrica (Werkstatt); veterinarium (Platz für kranke Tiere); valetudinarium (Lazarett); classici Misenates 500, Ravenates 300 + 500 (Seesoldaten aus Misenum und Ravenna); exploratores (Kundschafter) 200; Pannonii veredarii (Pannonische Reiter) 800; Mauri equites (Maurische Reiter) 600; alae miliaria I—IV (Reiterescadronen zu ca. 1000 Mann); scamnum tribunorum, legatorum (Lagerraum der Tribunen und Legaten).

Latera praetorii, mittlerer Teil („Flügel des Prätoriums"), enthaltend: Forum (Versammlungsplatz); tribunal (Feldherrntribüne); ara (Altar); auguratorium (Platz für die Vogelschau); stationes (Hauptwache); praetorium (Feldherrnzelt); posticium praetorii (Hinterraum des Feldherrnzeltes); officiales imperatoris (Beamte des Oberfeldherrn, bezw. Kaisers); comites imperatoris (Militärisches Gefolge des Oberfeldherrn, bezw. Kaisers); cohors praetoria I—IV (Kohorten der Leibgarde); equites praetoriani (Berittene Leibgarde) 400; equites singulares (Berittenes Elitekorps) 450; dimidium alae quingenariae I (je eine Hälfte der 1. Reiterescadron zu 500 Mann); alae quingenariae I—V (Reiterescadronen zu ca. 500 Mann); 1. und 2. Kohorte der vexillarii (Reservekorps); I. Legion Kohorte 1, 4—6; II. Legion Kohorte 4—6.

Retentura, hinterer Teil, enthaltend: Quaestorium (legati, obsides, praeda) (Intendantur und Raum für Gesandte, Geiseln und Beute); cohors pedita quingenaria I—III, equitata quingenaria I—III, die 1. in zwei Hälften, cohors peditata miliaria I—III, equitata miliaria I, II (selbständige

— IX —

Kohorten zu Fuß und zu Pferd zu 500 bezw. 1000 Mann); statorum centuria I, II (Ordonnanzen); Britones (Bretonen) 500, Cantabri (Kantabrer) 700, Palmyreni (Palmyrener) 500, Daci (Dazier) 700, Getae (Geten) 900; I. Legion Kohorte 7—10, II. Legion Kohorte 7—10.

L.: Statio. (Ad prostypon columnae Traiani.) Wachposten. (Nach einem Relief der Trajansäule.)

Vallum. (Ad prostypon columnae Traiani.) Wall. (Nach einem Relief der Trajansäule.)

R.: Tentoria. (Ad prostypon columnae Traiani.) Zelte. (Naco einem Relief der Trajansäule.)

Horreum. (Ad prostypon columnae Traiani.) Kriegsmagazin. (Nach einem Relief der Trajansäule.)

Tafel IX.

Machinae et tormenta. Belagerungsmaschinen und Geschütze.

Obere Reihe l.: 1. Χελώνη χωστρίς. Testudo ad congestionem fossarum Schüttschildkröte (Schildkröte = Schutzdach).

2. Χελώνη κριοφόρος. Testudo arietaria. Schildkröte für den Sturmbock.

3. Χελώνη διορυκτίς. Testudo ad fodiendum. Brechschildkröte.

M.: 1. Falx muralis. Mauerhaken.

2. Κριὸς διὰ δυοῖν κλιμάκων. Scalae duos arietes gestantes. Leitergerüst mit zwei Sturmböcken.

3. Ὑπότροχος κριός. Aries subrotatus. Auf Rädern laufender Sturmbock.

4. Τρύπανον. Terebra. Mauerbohrer.

r.: 1. und 3. Pluteus. Frontschirm.

2. Musculus. Στοίχιον. Vinea. Ἄμπελος. Laufhalle.

Untere Reihe l.: 1. Εὔθύτονον ὄργανον (Καταπάλτης ὀξυβελής). Catapulta. Pfeilschleudermaschine mit horizontaler Flugbahn, sog. Katapulte.

2. Γαστραφέτης. Arcuballista (?). Armbrust.

M.: 1. Πύργος (Ἑλέπολις?). Turris ambulatoria. Belagerungsturm (sog. „Städtebezwingerin").

2. Κλίμαξ. Scala, quae „spectator" vocatur. Leiter (sog. „Späher").

r.: 1. Onager (Scorpio?). Schleudermaschine (sog. „Wildesel").

2. Παλίντονον ὄργανον (Λιθοβόλος). Ballista. Steinschleudermaschine mit schräger Flugbahn, sog. Balliste.

Tafel X.

Οἰκία Ἑλληνική. Griechisches Haus.

O. Mittelbild: Τὸ Τιρύνθιον ἀνάκτορον. Der Palast in Tiryns. (Εἴσοδος, Eingang; αἴθουσα, Halle; θόλοι, Vorratsräume; κρήνη, Quelle; θύρα, Türe; προπύλαιον (πρόδρομο αὐλῆς), Torbau (Eingangstor zum Hof); αὐλή, Hof (ein äußerer und zwei innere, gepflasterte); αἴθουσα αὐλῆς, Säulenhalle um den Hof; κλίμαξ, Treppe; λαύρα, Korridor; δεξαμενή, Zisterne; οὐδὸς αἴλινος, Holzschwelle; ἐνόπλιοι παμφανόωντα, (leuchtende) Fassade; πρόδομος, Eingangstor; βωμός, Altar; αἴθουσα δώματος, Vorhalle des Hauses; πρόδομος, Vorsaal; ὀρσοθύρα, Nebentüre; ἀσάμινθος, Badewanne; μέγαρον, Saal (ἀνδρωνίτιδος, der Männerwohnung; γυναικωνίτιδος, der Frauenwohnung); ἐσχάρη, Herd (in jedem Megaron); θάλαμος, Schlafgemach; θάλαμος ὅπλων, Waffenkammer; μυχὸς δώματος, hinterste Räume des Hauses; πύργος, Turm.)

O. l. vom Mittelbild: Ἡ καθ' Ὅμηρον οἰκία. Das homerische Haus. (Αὐλή, Hof; δῶμα, δόμος, Wohnhaus; θάλαμοι, Kammern; ἕρκος, ἑρκίον, Umzäunung; πρόθυρον (αὐλεῖαι θύραι), Ein-

gangstor (Hoftor); ξεστὸς λίθος. Steinbank: κλῖμαξ εἰς τὸ ὑπερῷον ἄγουσα, Treppe ins Obergeschoß; θάλαμος, Kammer; αἴθουσα αὐλῆς, Säulenhalle um den Hof; θόλος, Vorratsraum; χόρτος, Garten; βωμὸς τοῦ Διὸς Ἑρκείου, Altar des gehöfteschirmenden Zeus; αἴθουσα δώματος, πρόδομος, Vorhalle; στόμα, Mündung des Korridors; λαύρη, Korridor; μέγαρον ἀνδρῶν, οἶκος, δόμος, δῶμα, Männersaal; μέλαθρον, Dachgebälk; ἐσχάρη, Herd; λᾶϊνος (μέγας) οὐδός, (große) steinerne Schwelle; κίονες, Säulen; θάλαμος, Schlafgemach; θάλαμος ὅπλων, Waffenkammer; θησαυρός, Schatzkammer.)

O. r. vom Mittelbild: Τὸ ὑπερῷον τῆς καθ' Ὅμηρον οἰκίας. Obergeschoß des homerischen Hauses.

Mittlerer Teil der Tafel, l.: Κόσμημα. Ornament.

Γεῖσον ποικίλον. Bemaltes Kranzgesims.

Κῦμα γεγραμμένον. Bemalte Hohlleiste („Welle").

Θριγκὸς κυάνεος. Glasfluß-Fries.

Μαίανδρος. Mäander.

Δώρειος ῥυθμός. Dorischer Stil. (Στυλοβάτης, stylobates, Säulenstand; σῶμα κίονος, scapus, Säulenschaft; ῥαβδώματα, stirae, Kanneluren; κεφάλαιον, capitulum, Kapitäl; ὑποτραχήλιον, hypotrachelion, Säulenhals; ἐχῖνος, echinus, Wulst; πλίνθος, abacus, Deckplatte; ἐπιστύλιον, epistylium, Architrav; σταγόνες, guttae, Tropfenleisten; ταινίαι, taeniae, Bänder; θριγκός, ζωφόρος, zophorus, Fries; τρίγλυφοι, triglyphi, Triglyphen; μετώπη, metopa, Metope; γεῖσον, corona, Kranzgesims; σιμαί, sima, Rinnleiste.)

Μέρος τοίχου Τιρυνθίου γεγραμμένον (ποικίλου). Bruchstück eines tirynthischen Wandgemäldes.

M.: *Κορίνθιος ῥυθμός*. Korinthischer Stil. (Denticuli, Zahnschnitt.)

Θυρίς. Fenster.

Θύρα. Türe.

Οἰκία ξυλίνη. Hölzernes Gebäude.

r.: *Ἰωνικὸς ῥυθμός*. Ionischer Stil. (Πλίνθος, plinthus, Basisplatte; βάσις ἀττικουργής, attische Basis; τόρος, torus inferior, unterer Wulst; τροχίλος, scotia, Hohlkehle; τόρος, torus superior, oberer Wulst; στρόγγες, scamilli, Kunneluren; κεφάλαιον, capitulum, Kapitäl; ἀνθέμιον, Palmettenmuster; ὀφθαλμοί, oculi, Augen; ἕλικες, volutae, Voluten; ὀφρύς, πλίνθος, Deckplatte; ἐπιστύλιον, Architrav; ταινίαι, fasciae, Gurten; θριγκός, Fries; κῦμα, Hohlleiste („Welle"); ἀετός, fastigium, Giebel; σιμαί (ἀντεφίς), sima, Rinnleiste.)

Μέρος τοίχου Τιρυνθίου γεγραμμένον (ποικίλου). Bruchstück eines tirynthischen Wandgemäldes.

Κόσμημα. Ornament.

Θριγκὸς γεγραμμένος. Gemaltes Friesornament.

Ἀκρωτήριον. Stirnziegel.

Μαίανδρος. Mäander.

Untere Reihe: *Οἶκος δύο περιστύλια ἔχων*. Haus mit zwei Säulenhöfen. (Ἀναβαθμοί, Stufen; θυρωρεῖον, θυρών, Haustür; οἴκημα θυρωρικόν, Wohnung des Pförtners; κλῖμαξ εἰς τὸ ὑπερῷον ἄγουσα, Treppe ins Obergeschoß; ἀνδρωνῖτις, Männerwohnung; γυναικωνῖτις, γυναικεῖον, Frauenwohnung; αὐλή, Hof; στοά, Säulenhalle; προστάδες, Säulenhalle vor den Wohnzimmern; ἀνδρών, Männergemach, Wohnzimmer; μύσαυλος, Korridor; οἶκοι, δωμάτια, ἀνδρωνῖτις, οἰκήματα, Zimmer; προστάς, παραστάς, Gastzimmer; θάλαμος, παστάς, Schlafgemach; ἀμφιθάλαμος, Mädchenzimmer; ἱστῶνες, Arbeitszimmer; κηπαία θύρα, Türe zum Garten; κῆπος, Garten.)

Τοῖχος Τιρυνθίου γεγραμμένος (ποικίλος) (μέρος). Bruchstück einer tirynthischen Wandmalerei.

Οἶκος ἓν περιστύλιον ἔχων. Haus mit einem Säulenhof. (Πρόθυρον, Haustüre; θυρωρεῖον, Haustür; αὐλεία θύρα, Türe zum Säulenhof; αὐλή, Hof; περίστυλον, Säulengang; βωμὸς τοῦ Διὸς Ἑρκείου, αὐλή, Hof; περιστάς, Männersaal oder Gastzimmer; ἀμφιθάλαμος, Mädchenzimmer; θάλαμος, Schlafgemach; θύρα κηπαία, Türe zum Garten; κῆπος, Garten.)

II

Οἶκος (τὸ ἔξωθεν). Außenansicht eines Hauses.
Σημαί τοῦ τῶν Γελῴων θησαυροῦ ἐν τῇ Ὀλυμπίᾳ. Sinnleiste vom Schatzhaus der Geloer in Olympia.
Οἴκημα. Kleines Haus. (Θάλαμος. Schlafzimmer; ἀνδρών, Wohnzimmer; ἐφέστια. Herd; ἱπποστάσεις, Stallung.)
Οἶκος Δήλιος. Haus auf Delos. (Προπύλαιον, Vorhalle; ὁδός, Straße; ἀνδρών. Männersaal.)

Tafel XI. (2. Aufl.)
Domus Romana. Römisches Haus.

Obere Reihe l. und r.: Pictura muralis Pompeiana. Pompejanisches Wandgemälde.

M.: Capitulum columnae Corinthiae. Korinthisches Säulenkapitäl. Spira columnae. Basis der Säule.
Zophori pars (villa Hadriani, Tibure). Bruchstück eines Frieses aus der Hadriansvilla in Tivoli.
Capitulum columnae compositae. Kompositkapitäl. Spira columnae. Basis der Säule.

Zweiter Streifen: Domus persecta, quae „Casa del centenario" dicitur. Längsdurchschnitt durch die sog. Casa del centenario. (Atrium, Lichthof; tablinum, nach dem Atrium offener Saal; peristylium, Säulenhof; exedra, Gartensaal.)

Mittelbild: Insula. Forma domus, quae „Casa di Pansa" dicitur (domus Cn. Allei Nigidi Mai). Häuserviereck. Grundriß des sog. Hauses des Pansa (Haus des Cn. Nigidius Maius). (Vestibulum, Hausflur; fauces, Korridor; tabernae, Läden; atrium, Lichthof; impluvium, Bassin unter der Dachöffnung; cella ostiarii, Zimmer des Pförtners; cellae, Wohn- und Wirtschaftszimmer: ala, Seitenflügel; tablinum, offener Saal; triclinium fenestratum, Winterspeisesaal mit Fenster; pistrinum, Mühlhaus: fornax, Backofen: posticum, Hintertüre; peristylium, Säulenhof; piscina, Bassin; aqua saliens, Springbrunnen: exedra, offener Saal; cubicula, Schlafgemächer: triclinium, Speisesaal: oecus, Saal hinter dem Peristyl: bibliotheca, Bibliothek; culina, Küche; cella penaria, Vorratskammer; porticus, Säulengang; viridarium, Garten.)

L. und r. vom Mittelbild: Pictura muralis Pompeiana. Pompejanisches Wandgemälde.

L. vom Mittelbild: Ianua (ad picturam muralem Pompeianam). Türe (nach einem pompejanischen Wandgemälde).
Vicus Pompeianus. Straße in Pompeji.

R. vom Mittelbild: Sacellum. Hauskapelle.
Aedes Pompelanae. Pompejanische Häuser.

Untere Reihe l.: Forma domus priscae. Grundriß des altrömischen Hauses. (Platea, Straße; semita, Trottoir; vestibulum, Hausflur: atrium, Lichthof; impluvium, Bassin unter der Dachöffnung: puteus, Brunnen; ala, Seitenflügel; tablinum, offener Saal: hortus, Garten.)
Lithostrotum (opus vermiculatum). Mosaik aus kleinen Steinchen.
Opus tessellatum (in Thermis Caracallae). Mosaik aus regelmäßig geschnittenen Steinplättchen (Caracallathermen).

M.: Atrium, tablinum et peristylium domus, quae „Casa di Pansa" dicitur. Rekonstruierte Innenansicht des Atriums, Tablinums und Peristyls im sog. Hause des Pansa.

r.: Lithostrotum (opus vermiculatum). Mosaik aus kleinen Steinchen.
Opus tessellatum (in domo Fauni, Pompeis). Mosaik aus regelmäßig geschnittenen Steinplättchen (Casa del Fauno, Pompeji).
Forma contiguarum aedium urbis Romae. Grundriß aneinanderstoßender Häuser in Rom. (Ostium, Vorraum; atrium (vel cavaedium), Lichthof; tablinum, Durchgangraum; peristylium, Säulenhof.)

Tafel XII. XIII. (2. Aufl.)
Θέατρον. Theatrum. Theater.

Taf. XII. Mittelbilder: Τὸ Ἑλληνικὸν θέατρον ἀρχαιότερον. Theatrum Graecum vetustius. Älteres griechisches Theater.
Θέατρον Ῥωμαϊκῶν χρόνων. Theatrum Romanae aetatis pulpito instructum. Bühnentheater römischer Zeit.
Τὸ ἐν Ἐπιδαύρῳ θέατρον. Theatrum Epidaurium. Grundriß des Theaters von Epidauros. Beiderseits davon u. Aufriß und Grundriß der Endstücke des Proskenions daselbst. (Σκηνή, Bühnenhaus: προσκήνιον, Vorbau vor dem Bühnenhaus; ὀρχήστρα, Tanzplatz; πάροδοι, seitlicher Eingang zur Orchestra: ὀχετός, Wasserkanal; ἀναβαθμοί, ἰδαλῖνα, Sitzstufen: διάζωμα, Gürtelgang: κερκίς, Keil (Abteilung des Zuschauerraums): ἀνάλημμα, Abschlußmauer des Zuschauerraums.)

O. l.: Theatrum Romanum secundum Vitruvium. Römisches Theater nach Vitruv.
O. r.: Theatrum Graecum secundum Vitruvium. Griechisches Theater nach Vitruv.

Darunter l. und r.: βῆμα (θυμέλη). Suggestus. Musikerpodium.

Weiterhin l.: Τρίπους. Tripus. Dreifuß.
Περίακτος. Periactus. Drehkulisse.

r.: Θρόνος ἱερέως Διονύσου Ἐλευθερέως. Solium sacerdotis in theatro. Sessel für den Priester des Dionysos Eleuthereus im Theater zu Athen.
Σύμβολα. Tesserae. Eintrittsmarken. (Χαλκοῦν σύμβολον, Theatermarke aus Bronze; μολίβδινα σύμβολα, bleierne Marken; πήλινον εἰσιτήριον. Eintrittsmarke aus Ton.)

Taf. XIII. Linke Reihe von o. nach u.: Ὑποκριτὴς τραγικός (βασιλεύς). Histrio tragicus (rex). Tragischer Schauspieler (König).
Ὑποκριταὶ τραγικοὶ (Φιλοκτήτης καὶ Ὀδυσσεύς). Histriones tragici (Philocteta et Ulixes). Tragische Schauspieler (Philoktet und Odysseus).
Ὑποκριταὶ τραγικοὶ (Ἕκτορος λύτρα). Histriones tragici (Priamus et Achilles). Tragische Schauspieler (Priamos vor Achill).
Πρόσωπα τῆς κωμῳδίας. Larvae comicae. Komische Masken. (Ἡγεμὼν πρεσβύτης, der die Hauptrolle spielende Alte; παράσιτος, Schmarotzer: Ἑρμώνειος γέρων. von Hermon erfundene Greisenmaske.)
Ἠλέκτρα καὶ Χρυσόθεμις. Electra et Chrysothemis. Elektra und Chrysothemis am Grabe Agamemnons.
Σατύρων ὑποκριτής. Histrio saturarum. Schauspieler des Satyrdramas.
Φλύακες. Histriones fabulae Rhintonicae (cf. initium Ranarum Aristophanis). Schauspieler der Phlyakenposse, des sog. rhintonischen Dramas (Scene ähnlich dem Anfang von Aristophanes' „Fröschen").

Mittlere Reihe von o. nach u.: Πρόσωπα τῆς τραγῳδίας. Larvae tragicae. Tragische Masken. (Κατάκομος ὠχρά, blasse Frau mit langen Haaren: ξανθὸς ἀνήρ, blondhaariger Mann; λευκὸς ἀνήρ, weißhaariger Mann; οὖλος νεανίσκος, lockiger Jüngling; ἔκσκευον πρόσωπον, außergewöhnliche Maske. Πάγχρηστος νεανίσκος (Περσεύς), Maske des Heldenjünglings für Perseus; κῆτος, Meerungeheuer; κατάκομος ὠχρά (Ἀνδρομέδα), Maske der trauernden Heldin für Andromeda: λευκὸς ἀνήρ (Κηφεύς), Maske des weißhaarigen Mannes für Kepheus.)
Ὑποκριταὶ κωμικοί. Histriones comici. Schauspieler einer Posse.
Χορηγεῖον (διδασκαλεῖον). Choraginum. Theaterprobe.

Rechte Reihe von o. nach u.: Ὑποκριταὶ τραγικοὶ (Ἱκέτιδες). Histriones tragici (Supplices). Tragische Schauspieler (Die schutzflehenden Frauen).
Ὑποκριτὴς τραγικός. Histrio tragicus. Tragischer Schauspieler.
Ὑποκριταὶ τραγικοὶ (Μήδεια καὶ παιδαγωγὸς μετὰ παίδων). Histriones tragici (Medea et paedagogus cum liberis). Tragische Schauspieler (Medea vor dem Kindermord).
Ὄργανα. Instrumenta. Musikinstrumente. (Σεῖστρον, sistrum,

XI

Sistrum: κύμβαλον, cimbalum, Zimbel; κροτπέδιον, crupedium, Fußklapper; κιθάρα, cithara, Kithara; τύμπανον, tympanum, Tamburin; αὐλοί, tibiae, Flöten; σῦριγξ, fistula, Panaflöte. Τρίγωνον, sambuca, Harfe; κιθάρα, cithara, Kithara; λύρα, lyra, Leier.)
Ὑποκριταὶ τῆς νέας κωμῳδίας. Histriones comoediae novae. Schauspieler der neueren Komödie.

Tafel XIVa. b.
Ἀθῆναι. Athenae. Athen.
(Editio II. emendatior, quam curavit R. Loeper. 2. verbesserte Auflage, besorgt von R. Loeper.)

Tafel XIVa. Forma Athenarum inde ab aetate Mycenica usque ad Romanorum tempora. Plan von Athen von der mykenischen Epoche bis auf die römische Zeit.
Zeichenerklärung (Die Zeichen und Schriftarten s. auf der Tafel selbst; die Farben sind in der kleineren Ausgabe weggefallen): Monumenta aetatis Mycenicae. Bauwerke des mykenischen Zeitalters. Monumenta VI.—IV saeculi: murorum et portarum nomina. Bauwerke des VI. bis IV. Jahrh.; Namen der Mauern und Tore. Monumenta aetatis Macedonicae. Bauwerke der makedonischen Zeit. Monumenta Romanae aetatis. Bauwerke der römischen Zeit. Nomina pagorum. Namen der Demen. Aedificiorum nomina. Namen von Gebäuden. Mare, portus, flumina, lacus, aquaeductus, balnea; nomina eorum. Meer, Häfen, Flüsse, Seen. Wasserleitungen, Bäder und Bezeichnungen derselben. Horti, nemora, silvae; nomina eorum. Gärten, Haine, Wälder und Bezeichnungen derselben. Montes, colles, nomina eorum. Berge, Hügel und deren Namen. Viae, fora, nomina eorum. Straßen, Plätze und deren Namen. Nomina eorum, quae exstant aut quorum certa vestigia adhuc innotuerunt. Bauwerke, die erhalten oder von denen bis jetzt sichere Spuren gefunden sind. Muri et aedificia, quorum situs dubius est. Mauern und Gebäude, deren Lage zweifelhaft ist. Fundamenta. Fundamente.
Στ(οά), P(orticus) = Halle. Ἱερόν, S(acrum) = Heiligtum. Βωμός, A(ra) = Altar. Π(ύλη), P(orta) = Tor. Ν(αός), T(emplum) = Tempel.

Taf. XIVb. O. l.: Τὰ περὶ Ἐννεάκρουνον. Locus Enneacruni. Die Gegend um die Enneakrunos.
r.: Ἡ ἀκρόπολις. Arx Athenarum. Die Akropolis.
U. l.: Ὁ Πειραιεύς. Piraeus. Der Piräus.
M.: Τὰ μακρὰ τείχη. Muri longi. Die langen Mauern.
Legenda. Zeichenerklärung (Die Zeichen und Schriftarten s. auf der Tafel selbst; die Farben sind in der kleineren Ausgabe weggefallen): Monumenta aetatis Mycenicae. Bauwerke des mykenischen Zeitalters. Monumenta VI.—IV. saeculi; murorum et portarum nomina. Bauwerke des VI. bis IV. Jahrh.; Namen der Mauern und Tore. Monumenta aetatis Macedonicae. Bauwerke der makedonischen Zeit. Monumenta aetatis Romanae. Bauwerke der römischen Zeit. Mare, portus, flumina, lacus, aquaeductus, cisternae; nomina eorum. Meer, Häfen, Flüsse, Seen, Wasserleitungen, Zisternen und Bezeichnungen derselben. Nomina pagorum. Namen der Demen. Aedificiorum nomina. Namen von Gebäuden. Montes, colles, nomina eorum. Berge, Hügel und deren Namen. Horti, nemora, silvae; nomina eorum. Gärten, Haine, Wälder und Bezeichnungen derselben. Viae, fora, nomina eorum. Straßen, Plätze und deren Namen. Monumenta, quae exstant aut quorum certa vestigia adhuc innotuerunt. Bauwerke, die erhalten oder von denen bis jetzt sichere Spuren gefunden sind. Muri et aedificia, quorum situs dubius est. Mauern und Gebäude, deren Lage zweifelhaft ist. Fundamenta. Fundamente.
Abkürzungen wie oben Taf. XIVa.

Tafel XVa. b.
Urbs Roma antiqua. Das alte Rom.

Tafel XVa. L. o.: Forum Romanum et aedificia continentia liberae reipublicae aetate. Das römische Forum und die angrenzenden Gebäude zur Zeit der Republik.
M.: Forum Romanum et aedificia continentia imperatorum temporibus. Das Forum Romanum und die angrenzenden Gebäude in der Kaiserzeit.
u.: Roma quadrata. Mons Palatinus imperatorum temporibus. Das älteste Rom und der Palatin in der Kaiserzeit.
Capitolium. Das Kapitol.
R.: Septimontium. Roma quattuor regionum. Roma Servii Tullii. Roma liberae reipublicae aetate. Die Stadt der älteren sieben Hügel. Die Stadt der vier Regionen. Die Stadt des Servius Tullius. Rom zur Zeit der Republik.
Legenda. Zeichenerklärung (Die Zeichen und Schriftarten s. auf der Tafel selbst): Monumenta, quae exstant aut quorum certa vestigia adhuc innotuerunt. Nomina murorum, portarum, arcuum, cipporum. Monumente, die erhalten oder von denen bis jetzt sichere Spuren gefunden sind. Bezeichnungen von Mauern, Toren, Bögen und Grenzsteinen. Muri et aedificia, quorum situs dubius est. Mauern und Gebäude, deren Lage zweifelhaft ist. Horti, nemora, prata, nomina eorum; nomina vallium. Gärten, Haine, Wiesen und deren Bezeichnungen; Namen der Täler. Flumen, rivi, aquaeductus, balnea, piscinae, aquae, portus; nomina eorum. Fluß, Bäche, Aquädukte, Bäder, Bassins, Wasserwerke, Häfen und deren Namen. Montes, colles, saxa, scalae; nomina eorum. Berge, Hügel, Felsen, Treppen und deren Namen. Valles. Täler. Viae, vici, clivi, campi, fora; nomina eorum. Straßen, Gassen, Steige, Felder, Plätze und deren Namen. Regionum nomina. Bezeichnungen der Regionen. Aedificiorum et monumentorum nomina. Bezeichnungen der Gebäude und Denkmäler.

Taf. XVb. Roma imperatorum temporibus inde ab Augusto usque ad saeculum IV. post Christum natum. Rom in der Kaiserzeit von Augustus bis ins IV. Jahrh. n. Chr.
Legenda. Zeichenerklärung (Die Zeichen und Schriftarten s. auf der Tafel selbst): Monumenta, quae exstant aut quorum certa vestigia adhuc innotuerunt. Nomina murorum, portarum, arcuum, cipporum. Monumente, die erhalten oder von denen bis jetzt sichere Spuren gefunden sind. Bezeichnungen von Mauern, Toren, Bögen und Grenzsteinen. Muri et aedificia, quorum situs dubius est. Mauern und Gebäude, deren Lage zweifelhaft ist. Horti, nemora, nomina eorum; nomina vallium. Gärten, Haine und deren Bezeichnungen; Namen der Täler. Flumen, rivi, aquaeductus, balnea, piscinae, aquae, portus; nomina eorum. Fluß, Bäche, Aquädukte, Bäder, Bassins, Wasserwerke, Häfen und deren Namen. Montes, colles, saxa; nomina eorum. Berge, Hügel, Felsen und deren Namen. Valles. Täler. Viae, vici, clivi, campi; nomina eorum; fora. Straßen, Gassen, Steige, Felder und deren Namen; Plätze. Regionum nomina. Bezeichnungen der Regionen. Aedificiorum, fororum, monumentorum nomina. Bezeichnungen der Gebäude, Plätze und Denkmäler.

Tafel XVI—XVIII (besorgt von W. Amelung).
Vestitus Graecorum. Die Gewandung der Griechen.

Taf. XVI. O. l.: Πέπλος — ἐσθὴς Δωρίς. Peplos, dorische Tracht.
M.: Πέπλος ποικίλος. Buntgewebter Peplos.
r.: Πέπλος Κορίνθιος καὶ Ἀττικός. Korinthischer und attischer Peplos.
U. l.: Χιτών. Χλανίς. Chiton (Unterkleid) und Mäntelchen (Schal).
M.: Χιτὼν ὀρθοστάδιος. Ἱμάτιον. Ungegürteter Chiton und Mantel.
r.: Χιτών. Chiton.

— XII

Taf. XVII. O. l.: Χιτών. Πέπλος. Chiton, darüber Peplos.
  M.: Ἐσθὴς Ἰάς. Ionische Tracht.
  r.: Χιτών. Χλαῖνα. Chiton und Chlaina (Mantel).
  U. l.: Χιτών. Ἱμάτιον. Chiton und Mantel.
  M.: Χειριδωτὸς χιτών. Χιτών. Χλαῖνα. Ärmelchiton, darüber gewöhnlicher Chiton, darüber Chlaina.
  r.: Χιτών. Ἱμάτιον. Chiton und Mantel.

Taf. XVIII. O. l.: Χιτὼν ἀμφιμάσχαλος. Beide Schultern deckender Chiton.
  M.: Χιτὼν ποδήρης ὀρθοστάδιος. Ungegürteter, bis auf die Füße reichender Chiton (Talar).
  r.: Ἐξωμίς — χιτὼν ἑτερομάσχαλος. Arbeitskittel, die eine Schulter freilassend.
  U. l.: Χιτών. Χλαῖνα. Chiton und Chlaina.
  M.: Χιτών. Ἱμάτιον. Chiton und Mantel.
  r.: Χλαμύς. Chlamys (Reitermantel).

Tafel XIX. XX (besorgt von W. Amelung).
Vestitus Romanorum. Die Gewandung der Römer.

Taf. XIX. O. l.: Tunica. Toga candida. Unterkleid, darüber weißer Mantel (Toga).
  M.: Tunica. Toga pulla. Unterkleid und Trauertoga.
  r.: Tunica. Toga picta. Unterkleid und goldgestickte Toga.
  U. l.: Paenula. Tunica. Wettermantel, darunter Leibrock.
  M.: Auriga. Zirkuskutscher.
  r.: Paenula. Wettermantel.

Taf. XX. O. l.: Flamen. Opferpriester.
  M.: Flaminica. Priesterin, Gattin des Flamen.
  r.: Augur — Toga praetexta. Augur in verbrämter Toga.
  U. l.: Camillus. Opferknabe.
  M.: Virgo Vestalis. Vestalische Jungfrau.
  r.: Popa. Opferdiener.

Die Bewaffnung der griechischen Krieger.

Tafel I und II.

Bei der Betrachtung der altgriechischen Bewaffnung unterscheiden wir drei Perioden: die vorhomerische, die homerische und die historische. Um der größeren Anschaulichkeit willen sind auf der Tafel I die Bezeichnungen derjenigen Gegenstände, welche den zwei ersten Perioden angehören, unterstrichen.

Was wir von der Bewaffnung im vorhomerischen Zeitalter wissen, verdanken wir hauptsächlich den Schliemannschen Ausgrabungen in Mykenai. Eine berühmte Dolchklinge von dort, die auch auf unserer Tafel I (l. unter der Bezeichnung $\dot{\varepsilon}\gamma\chi\varepsilon\iota\rho\acute{\iota}\delta\iota o\nu$) abgebildet ist, trägt in kunstvoller Gravierung die Darstellung einer Löwenjagd. Darauf sind folgende Waffenstücke vertreten: Lanze, Bogen und zwei Typen von großen Schilden, ein ovaler, kuppelförmig gewölbter, dessen Rand beiderseits über der Mitte eingezogen ist, und ein rechteckiger, zylindrisch gewölbter. Ersteren trägt auch der mykenische Krieger auf Taf. II. Der aus Rindshäuten gefertigte Schild deckte fast den ganzen Mann ($\dot{\alpha}\sigma\pi\grave{\iota}\varsigma\ \dot{\alpha}\mu\varphi\iota\beta\varrho\acute{o}\tau\eta$ bei Homer) und war so schwer, daß er nicht am linken Arm, sondern mittels eines Riemens — $\tau\varepsilon\lambda\alpha\mu\acute{\omega}\nu$ — getragen wurde, der um Brust und linke Schulter hing. Infolge dessen war er schwierig zu regieren, ersetzte aber dafür in der ältesten Zeit auch die Panzerung des Körpers. Man schützte ursprünglich höchstens den Unterleib durch einen breiten Metallgurt um die Hüften — $\mu\acute{\iota}\tau\varrho\eta$ — gegen feindliche Geschosse. Indem der abgebildete Krieger außer mit dem mykenischen Schild auch mit einem ledernen Panzer ausgestattet ist, stellt er gegenüber dem Kämpfer der mykenischen Dolchklinge bereits einen Fortschritt in der Bewaffnung dar. Zum Schutz der Beine gegen das Anschlagen des Schildes trägt er Gamaschen. Sein Helm ist aus mehreren Lederschichten gearbeitet, worauf wenigstens die zahlreichen Nägelköpfe hindeuten, und geschmückt mit einem Busche und über der Stirn mit weit hervorragenden Hörnern. An der Lanze ist ein Proviantsäckchen befestigt. Außer Lanze, Bogen und Schleuder gebrauchte man in der vorhomerischen Epoche Schwerter von verschiedener Länge, meist zweischneidige Stoßschwerter. Abgebildet ist (s. T. I l. u.) der verzierte Griff ($\varkappa\acute{\omega}\pi\eta$) eines mykenischen Schwertes.

Die homerische Zeit kennt als Schutzwaffen Helm, Panzer, Gürtel, Schild und Beinschienen, als Angriffswaffen Lanze, Schwert, Bogen, Axt und Schleuder. Der homerische Helm — $\varkappa\nu\nu\acute{\varepsilon}\eta$ (eig. Hundsfell), $\varkappa\acute{o}\varrho\upsilon\varsigma$, $\pi\acute{\eta}\lambda\eta\xi$ — bestand wohl meist aus Leder mit einzelnen Metallteilen, insbesondere dem Helmrand und den $\varphi\acute{\alpha}\lambda o\iota$ (entweder vorstehenden Hörnern, wie sie der mykenische Krieger auf Taf. II hat, oder Bügeln, die auch als Stütze für den Helmbusch dienten). Eine Lederkappe ohne Bügel und Verzierung wird als $\varkappa\alpha\tau\alpha\tilde{\iota}\tau\nu\xi$ bezeichnet (s. Taf. I r. o.). L. o. auf der Tafel ist ein aus Lederriemen geflochtener Helm ($\varkappa\nu\nu\acute{\varepsilon}\eta\ \dot{\varrho}\iota\nu o\tilde{\upsilon}\ \pi o\iota\eta\tau\acute{\eta}$) abgebildet, weiter unten l. ein Erzhelm mit Buckeln und Bügeln, o. in der Mitte ein Visierhelm mit doppeltem Helmbusch ($\varkappa\nu\nu\acute{\varepsilon}\eta\ \dot{\alpha}\mu\varphi\acute{\iota}\varphi\alpha\lambda o\varsigma$) aus einem Vasenbilde, wo aber der Vasenmaler wohl nur aus Gleichgültigkeit gegen die Perspektive die Helmbüsche nach der Seite statt nach rückwärts laufend dargestellt hat.

Der Panzer — $\vartheta\acute{\omega}\varrho\alpha\xi$ — wurde entweder aus Leder verfertigt und mit metallenen Nägeln versehen, welche zwei oder mehr Schichten zusammenhielten (einen solchen trägt der mykenische Krieger auf Taf. II), oder er war aus Erz. In letzterem Falle bestand er aus zwei Schalen — $\gamma\acute{\upsilon}\alpha\lambda\alpha$ —, je einer für Brust und Rücken (s. T. I). Die $\mu\acute{\iota}\tau\varrho\eta$ ist, wie schon erwähnt, ein breiter Leibgurt und stammt aus der Zeit vor Erfindung des Panzers. Sie wurde auch noch von den homerischen Helden getragen, die nicht mit Metallpanzer ausgerüstet erscheinen. Mit dem $\zeta\omega\sigma\tau\acute{\eta}\varrho$ gürteten sie ihren Chiton oder ihr Lederkoller. Ein schön verzierter bronzener Gürtel ist unter der Bezeichnung $\zeta\omega\sigma\tau\acute{\eta}\varrho$ ($\mu\acute{\iota}\tau\varrho\eta$) auf Taf. I abgebildet.

Beim Schild — $\dot{\alpha}\sigma\pi\grave{\iota}\varsigma$, $\sigma\acute{\alpha}\varkappa o\varsigma$, $\beta o\varepsilon\acute{\iota}\eta$ (= Rindshaut) — hat man zwei Typen zu unterscheiden, den großen, den ganzen Mann deckenden mykenischen Schild und den Rundschild ($\dot{\alpha}\sigma\pi\grave{\iota}\varsigma\ \pi\alpha\nu\tau\acute{o}\sigma'\ \dot{\varepsilon}\acute{\iota}\sigma\eta$). Als eine spätere Weiterbildung des ersteren erscheint der ovale sog. böotische Schild, der auf der Tafel l. u. in zwei Hälften, um die Außen- und die Innenseite zu zeigen, dargestellt ist. Der mit Metall beschlagene Rand hat beiderseits eine Einbuchtung. Die Mitte nimmt ein Buckel ein, hier als Medusenhaupt gestaltet. Ein erhaltener Schildbuckel ($\dot{o}\mu\varphi\alpha\lambda\grave{o}\varsigma\ \dot{\alpha}\sigma\pi\acute{\iota}\delta o\varsigma$) ist noch besonders abgebildet.

Den Rundschild trägt der Krieger auf dem Streitwagen (ὄχημα, auf der Tafel I ganz unten).

Die κνημῖδες sind bei den Trägern des großen mykenischen Schildes als Ledergamaschen, bei den mit Harnisch und Rundschild Ausgerüsteten als eherne Beinschienen zu denken. Beide Arten von κνημῖδες wurden durch Bänder oder Reifen unter dem Knie, bezw. über dem Knöchel (ἐπισφύρια) festgehalten. Ein goldener Gamaschenhalter ist in Mykenai gefunden worden und auf der Tafel I und unter der Bezeichnung ἐπισφύριον abgebildet.

Das homerische Schwert war meist von Bronze, zweischneidig und zum Stoß wie zum Hieb geeignet. Die Tafel I zeigt das Bild eines solchen (ξίφος, φάσγανον, ἄορ), ein Kurzschwert und einen Dolch (ἐγχειρίδιον), sowie die Klinge eines einschneidigen, messerartigen Instrumentes (μάχαιρα), wie es zu Opferungen gebraucht wurde. Als Beispiele der andern Angriffswaffen sind (r.) wiedergegeben die Enden eines Speeres (δόρυ, ἔγχος, ἔγχος) mit Spitze (ἀκωκή), Schaft (δόρυ) und Schuh (σαυρωτήρ), ein Bogen (τόξον) und ein Pfeil (οἰστός, ἰός, βέλος), ebenfalls mit den griechischen Benennungen ihrer Teile, sowie zwei Pfeilspitzen, eine mit drei und eine mit zwei Widerhaken, endlich (r. u.) die Klinge einer Streitaxt (ἀξίνη).

Zu Beginn der historischen Zeit zeigen die Waffen im Vergleich zu den homerischen einen bedeutenden Fortschritt. Sie werden leichter und bequemer. Der schwere Lederschild weicht dem leichten Holzschilde; Schwerter, Lanzen und Pfeile werden nicht mehr aus Erz, sondern aus Eisen verfertigt, die Panzer lieber aus Leder als aus Erz.

Der Helm zeigt zwei Grundformen: der korinthische (κόρυς Κορινθία) deckte durch ein Visier das ganze Gesicht oder mindestens mittels fester Backenschirme die Wangen; der attische (κ. Ἀττική) weist nur bewegliche Backenklappen und bisweilen einen Nasenschirm auf. Der Helmbusch saß teils auf dem Kanune des Helmes, teils auf eigenen Röhren. Spätere aus dem „attischen" Helm entwickelte Formen zeigen der Eisenhelm mit silbernen Wangenbändern und der nach Art der phrygischen Mütze oben eingebogene Helm auf der Tafel r. Übrigens wurden die Helme nicht nur aus Metall verfertigt, sondern auch aus Leder in den mannigfaltigsten Formen.

Von Panzern bemerken wir auf der Tafel I drei Arten: 1. einen Plattenpanzer (θώραξ στάδιος); 2. einen Schuppenpanzer (θ. λεπιδωτός), den der Krieger in der Mitte der Tafel eben anlegt. Man sieht die noch nicht an der Brust befestigten Schulterstücke in die Höhe stehen; 3. ein Lederkoller (σπολάς), ebenfalls mit Schulterstücken. Unter dem Panzer hervor ragte gewöhnlich ein Schurz (ζῶμα) aus einzelnen Lederstreifen (μίτρης).

Folgende Typen von Schilden sind auf der Tafel vertreten: 1. der böotische Schild (s. o.), dessen Eigentümlichkeit in den Ausschnitten an der Längsseite bestand u. a.; 2. der runde (argolische) Schild. Auf der Tafel ist r. ein solcher von der Innenseite dargestellt nebst daranhängendem Schurz (λαισήιον). Der makedonische Schild war ebenfalls rund, aber stärker gewölbt und ohne abgesetzten Rand; 3. der halbmondförmige Amazonenschild, der als Vorbild für den späteren Schild (πέλτη) der Peltasten diente.

Von Verteidigungswaffen zeigt unsere Tafel noch zwei Beinschienen (κνημῖδες); beide sind aus Bronze, die linke vergoldet. Die Abbildung mit der Unterschrift χείρ zeigt uns die Panzerbekleidung der Arme (oder nur des linken Arms), die oft Reitern zum Schutz diente. Zur Ausrüstung des Reiters gehörte auch noch der Sporn (μύωψ).

Was die Angriffswaffen betrifft, so zeigt unsere Tafel 1. ein Schwert in der Scheide mit den griechischen Benennungen der Scheide und des Griffes, 2. einen Krummsäbel (κοπίς, μάχαιρα) und 3. einen sichelförmigen Säbel (ξυήλη), außerdem 4. einen skythischen Degen griechischer Arbeit in der Scheide.

Man unterscheidet drei Arten von Lanzen: 1. den eigentlichen Speer (δόρυ, λόγχη), gegen 8 Fuß lang, 2. den Wurfspieß (ἄκων, ἀκόντιον), etwa 5 Fuß lang, 3. die makedonische Stoßlanze (σάρισσα), deren Länge anfangs 24 Fuß, später 21 betrug.

Der Bogen der historischen Zeit unterschied sich nur wenig von dem homerischen. Zur Aufbewahrung der Pfeile diente der Köcher (φαρέτρα); die Abbildung stellt einen solchen mit Deckel und einen ohne Deckel, der auch den Bogen aufzunehmen hatte.

Das griechische Heer der historischen Zeit zerfiel in Schwer- und Leichtbewaffnete. Erstere hießen Hopliten, bei den Makedoniern Phalangiten. Die Speerschleuderer (ἀκοντισταί), die Bogenschützen (τοξόται) und die Steinschleuderer (σφενδονῆται) führten den gemeinsamen Namen Leichtbewaffnete (γυμνῆται, γυμνοί, ψιλοί). — Erst in der späteren Zeit begegnen wir den sog. Peltasten, welche durch ihre Bewaffnung eine Mittelstellung zwischen den Schwer- und Leichtbewaffneten — Hopliten und Gymneten — einnahmen.

Die erste Figur auf der Tafel II (in der oberen Reihe links) stellt uns einen Krieger aus der mykenischen Epoche dar, der schon oben beschrieben ist. — Der folgende Krieger ist ein spartanischer Hoplit. Seine Ausrüstung besteht aus dem ehernen Harnisch ohne Schurz, ehernem Helm und Schild (dem sog. böotischen), Beinschienen, Lanze und Kurzschwert. Unter dem Panzer trägt er, wie alle spartanischen Hopliten, einen purpurroten Chiton. — Unten links ist ein athenischer Reiter veranschaulicht. Er trägt auf dem Kopfe einen breiten Hut, dessen viereckige Krempen nun aufgeschlagen sind, und ist mit einer Chlamys bekleidet. In der rechten Hand hält er zwei Wurfspeere. An seinen Füßen sehen wir die von dem athenischen Feldherrn Iphikrates eingeführten und nach ihm benannten Gamaschenstiefel (ἰφικρατίδες). — Weiter finden wir zwei Bogenschützen abgebildet. Der erste (kleine Darstellung in einem Medaillon) ist ein im athenischen Dienste stehender berittener Skythe, ein ἱπποτοξότης. Er prüft die Güte seines Pfeiles. Die Beinkleider, die er trägt (ἀναξυρίδες), sind ein Kleidungsstück, das den Griechen der klassischen Zeit ganz fremd war. — Das zweite Bild eines Bogenschützen ist einer Amazonendarstellung entlehnt, wie denn die griechische Kunst den Amazonen meist das Kostüm von Leichtbewaffneten (Gymneten) gab. Der „Leichtbewaffnete" ist ausgerüstet mit Streitaxt, Bogen und Köcher und einer Lederkappe nach Art der phrygischen Mütze, von der lange Laschen (Wangenbänder) herabhängen. — Die Mitte der Tafel nimmt die Darstellung einer Amazone als Trompeter (σαλπιζτής) ein. Ihre Bewaffnung bilden Panzer, attischer Helm, argolischer Schild und Speer. Unter dem Panzer trägt sie den Chiton, über der Rüstung die Chlamys.

St. C. und E. B.

Die griechischen Münzen.

Tafel IIIa.

Der Ruhm, die Münzprägung erfunden zu haben, gebührt den Lydern, und zwar geht diese Erfindung wohl ins VII. Jhd. v. Chr. zurück. Bis dahin hatte man sich allgemein mit Tauschhandel oder Metallstücken ohne jede Wertbezeichnung beholfen (daher auch der Name ὀβολός = Stäbchen). Die ältesten lydischen Münzen wurden aus Elektron (ἤλεκτρον, λευκὸς χρυσός) geprägt, welches sich in den Gebirgszügen des Tmolus und Sipylus als Metall fand; es ist eine Mischung von Gold und Silber mit mehr als 20% Silbergehalt. Erst unter Krösus (Mitte des VI. Jhd.) beginnt die Prägung in Gold und Silber. Diese lydische Erfindung wurde dann sehr bald von den griechischen Städten Kleinasiens und von Persien übernommen und machte, auch noch im VII. Jhd., den Weg über das Ägeische Meer nach dem griechischen Festlande und nach Kyrene. In das VII. Jhd. gehören verschiedene Inselmünzen, z. B. von Ägina, Euböa usw.: von Euböa aus kommt die Prägung nach Korinth und Athen. Die kleinasiatischen Städte und Kyrene prägten in ältester Zeit fast nur Elektron (so sind z. B. die kyzikenischen und lampsakenischen Statere, die wichtigste Münze im V. Jhd., Elektronmünzen); auf den Inseln und dem griechischen Festlande prägt man dagegen fast nur in Silber. Im VI. Jhd. dehnt sich die Prägung immer weiter aus: nach Norden bis nach Makedonien und Thrakien; nach Westen durch Korinth über die ionischen Inseln bis nach Großgriechenland, aus dem Peloponnes nach Sizilien und von da nach Etrurien. Ende des VI. Jhd. erstreckt sie sich auch über die Südküste Kleinasiens (Lykien, Kilikien, Pamphylien) bis nach Cypern. Zur Zeit der Perserkriege prägen außer Sparta und Byzanz alle griechischen Staaten und in der zweiten Hälfte des V. Jhd. hebt dann auch die Blütezeit der griechischen Stempelschneidekunst an. Mit Philipp II. von Makedonien beginnt die Prägung der Königsmünzen, die für längere Zeit das größte Interesse in Anspruch nimmt. Alexanders des Großen Nachfolger, — die Seleukiden in Syrien, die Ptolemäer in Ägypten, Lysimachos in Thrakien, die verschiedenen Machthaber in Griechenland und Makedonien, Demetrios Poliorketes, Antigonos u. a., seit der Mitte des III. Jhd. auch die Arsakiden in Parthien und die baktrischen Könige —, alle prägen Münzen mit ihrem Bildnis. Aber daneben geht auch die städtische Prägung weiter (so namentlich von Rhodos), und es beginnt die Periode der Bundesmünzen (so z. B. ist der ganze Peloponnes durch den Achäischen Bund geeinigt). Athen und Korinth haben lange Zeit gar keine Münzen emittiert; der Wiederbeginn der athenischen Münzprägung findet statt Ende des III. Jhd., und zwar in einem ganz außerordentlichen Umfange. Die Niederlage Antiochos' des Großen bei Magnesia bildet dann den Wendepunkt in der antiken Numismatik; Rom tritt seine Vormachtstellung an, die Prägung der Goldmünzen schwindet ganz aus Griechenland und wird Privilegium der römischen Feldherren. Mit Beginn der Kaiserzeit hört die autonome Prägung so gut wie ganz auf, nur Kupfer wird in kleinen Mengen in Griechenland geprägt bis auf Gallienus.

Die Münzeinheit der ganzen antiken Welt, mit Ausnahme von Judäa, Persien, Rom und dem übrigen Italien, war die Drachme, die 6 Obolen enthielt; 50 Statere = 100 Drachmen bildeten 1 Mine. Der älteste griechische Münzfuß war der äginetische, wo das Gewicht der Drachme nach der Reform des Tyrannen Pheidon von Argos 6,20 gr. betrug. Dieses äginetische Gewichtssystem finden wir in Thessalien, Phokis, Lokris, Böotien, überhaupt auf dem ganzen griechischen Festlande (mit Ausnahme von Athen, Korinth, Ätolien, Akarnanien und Epirus), auch in Großgriechenland, Sizilien, den Kykladen und Kreta bis zum Beginn der römischen Herrschaft. Ein zweites Münzsystem war das euböische, welches von Solon in Athen eingeführt wurde, um die chalkidischen und korinthischen Märkte dem athenischen Handel zu erschließen. Die Drachme wog da 4,36 gr. und wurde durch Alexander den Großen noch auf 4,25 gr. ermäßigt. Dieses euböisch-attische System wurde das herrschende dadurch, daß Alexander der Große dasselbe in Makedonien einführte und alle Diadochen bei ihren Prägungen dasselbe zu Grunde legten; unter der römischen Herrschaft wurde es schließlich allgemein. Das korinthische System steht dem euböisch-attischen sehr nahe, der Stater von 8,72 gr. ist = 2 attischen Drachmen von 4,36 gr. und 3 korinthischen Drachmen von 2,91 gr. Endlich in Thrakien, Epirus, Illyrien, Ätolien und Makedonien (bis Alex. d. Gr.) war in Gebrauch die persische Drachme, die dem persischen Silberdareikos entsprach, von 5,57 gr. In Kleinasien herrschte die lydische Drachme, welche dem halben babylonischen Silberschekel von 14,54 gr., also 7,27 entsprach; der halben lydischen Drachme von 3,63 gr. entspricht ihrerseits die phönikische Drachme, welche dank der weiten Handelsbeziehungen der Phöniker außerordentlich verbreitet war (wir finden sie z. B. außer in Phönikien in Rhodos, in Karthago und bei den Ptolemäern in Ägypten).

In ältester Zeit war auf der Rückseite der Münzen nichts dargestellt, bloß eine Vertiefung, welche bald die Gestalt eines eingedrückten Quadrats annahm (daher quadratum incusum genannt); bald aber erhielt der Revers auch Darstellungen.

1 Talent (τάλαντον) = 60 Minen (μναῖ); 1 Mine (μνᾶ) = 100 Drachmen (δραχμαί); 1 Drachme (δραχμή) = 6 Obolen (ὀβολοί); 1 Obol (ὀβολός) = 8 Chalken (χαλκοῖ); 1 Chalk (χαλκοῦς) = 7 Lepta (λεπτά) (oder attisch κόλλυβοι).

Tafel 1.

Athen. 1. Archaische Tetradrachme (τετράδραχμον) des VI. Jhd. (= 4 Dr.) Vs. Athenakopf im Helm rechts. Rs. Im vertieften Viereck Eule en face, links oben ein Ölzweig. Inschrift ΑΘΕ (= Ἀθηναίων). Gew. 17,16 gr.

Die folgenden Münzen 2—7 sind alle aus dem VI./V. Jhd. und haben alle dieselbe Darstellung. Vs.: Athenakopf rechts im verziertem Helm. Rs.: Eule, links oben ein Ölzweig und ΑΘΕ.

2. Dekadrachme (δεκάδραχμον) (= 10 Drachmen). Gew. 43,66 gr.

3. τετράδραχμον; hinter der Eule auf dem Revers noch eine kleine Mondsichel.

4. Didrachme (δίδραχμον) = 2 Drachmen.

5. Drachme (δραχμή).

6. Triobolon (τριώβολον) = 3 Obolen = ½ Drachme. Die Eule ist zwischen 2 Ölzweigen.

Dann gab es noch Münzen zu 5, 4, 3, 2, 1½, 1, ¾, ½, ¼ usw. Obolen, welche alle besondere Namen tragen; die kleinen Stücke sollen die Athener im Munde getragen haben. Die Münzen heißen wegen der Darstellung bisweilen γλαῦκες oder κόραι.

7. Goldstater (στατὴρ χρυσοῦς) aus dem V./IV. Jhd. Gew. 8,7 gr. Sie wurden sehr selten geprägt, ebenso wie die kleineren Goldnominale zu ½, ¼, ⅙, 1/12 Stater. Auf dem Revers ist vor der Eule ein Korb (κάλαθος).

8. Tetradrachme schönen Stils aus dem II./I. Jhd. Vs.: Der Helm der Athena ist verziert mit Ölzweig, Greif und Viergespann, die ganze Darstellung im Perlenkreise. Rs.: die Eule steht auf einer zweihenkligen athenischen Preisamphora, rechts von ihr ein Gorgoneion als Siegel des Beamten (als solche finden sich außerdem Elefant, Hirsch, Traube usw.). Außer ΑΘΕ stehen noch die Namen von 3 Münzbeamten darauf, ΝΙΚΗΤΗΣ, ΔΙΟΝΥΣΙΟΣ und ΔΗΜΟ (Anfang des 3. Namens); der dritte Name wechselt zugleich mit den Buchstaben auf der Amphora (hier Γ), der Zahl des mit jeder Prytanie wechselnden Beamten, welche wohl einen Monat im Amt waren (es finden sich die Buchstaben von Α bis Μ, also 1 – 12). Unter der Amphora steht ΠΕ, Bezeichnung des Münzhofes.

Kupfermünzen wurden in Athen kaum vor Ende des peloponnesischen Krieges geprägt und waren stets unbeliebt und sehr selten. Erst in römischer Zeit, als die Gold- und Silberprägung aufhörte, blieb die Kupferprägung bis zum Kaiser Gallien. Es gab Stücke zu 1, 2, 3, 4, 5 χαλκοῖ und ebenso zu 1, 2, 3 λεπτά. Nach Einnahme der Stadt durch Sulla (86 v. Chr.) hörte bis zur Kaiserzeit die Münzprägung ganz auf und begann wohl kaum vor Hadrian wieder.

Lydien. 9. Stater des Krösus, sog. Κροίσειος (568—554), also VI. Jhd. Gew. 8,03 gr. Vs.: Vorderteile eines Löwen und eines Stiers einander zugewandt. Rs.: zwei quadrata incusa.

Persien. 10. Dareik (Δαρεικός). Vs.: der Perserkönig nach rechts laufend mit Bogen und Speer, auf dem Kopf die Krone. Gew. 8,36 gr., an Wert = 20 attischen Drachmen, aus reinstem Golde geprägt, genannt Dareikos nach Darius I. (522—485).

Phönikien. 11. Sidonischer doppelter Silberschekel oder ὑπιάδραχμον Περσικόν aus der Zeit Artaxerxes' II. (405—359). Gew. 27,52 gr. Vs.: Ein Schiff vor einer mit Zinnen versehenen Stadtmauer; im unteren Abschnitt 2 Löwen. Rs.: in vertieftem Rund der Großkönig zu Wagen auf der Jagd, neben ihm ein Wagenlenker, unten vertieft eine Ziege.

Phokäa. 12. (Kolonie Athens in Ionien). Hekte, ἕκτη Φωκαΐς = 1/6 στατῆρ aus Elektron, V./IV. Jhd. Vs.: Widderkopf links. Rs.: incusum. Phokäische Statere und Hekten werden in Thukydides, Demosthenes und Inschriften des V. Jhd. erwähnt. Statere aus dieser Zeit haben sich aber nicht erhalten.

Ägina. 13. Stater in Silber (στατῆρ ἀργυροῦς) aus dem VII. Jhd. Gew. 12,44 gr. Vs.: Seeschildkröte.

14. Silberstater aus dem IV. Jhd. Vs.: die Schildkröte und zu beiden Seiten A — I (= Αἰγινητῶν). Die Schildkröte ist das Wappen von Ägina.

Euböa. 15. Eretria. Tetradrachme aus dem VI. Jhd. Vs.: Gorgoneion en face. Rs.: in vertieftem Quadrat ein Ochsenkopf. Gew. 16,48 gr.

Lampsakos und Kyzikos. 16. Goldstater (χρυσοῦς στατῆρ Λαμψακηνός). Gew. 8,33 gr., geprägt nach dem babylonischen Goldschekelfuße. Vs.: bärtiger Kopf im pileus mit Lorbeerkranz (Kabire?). Dieselbe Darstellung haben auch die kyzikenischen Elektronstatere von 16 gr. Die στατῆρες Κυζικηνοί und Λαμψακηνοί sind im IV. Jhd. die verbreitetste Goldmünze in Griechenland. Sie entsprachen in demosthenischer Zeit ungefähr 28 attischen Drachmen. Es gab auch Silberstatere, 16 gr. schwer.

Korinth. 17. Silberstater (στατῆρ Κορίνθιος) aus dem VII./VI. Jhd. (= 3 korinthische Drachmen). 8,51 gr. Vs.: aufgezäumter Pegasus nach links, unter ihm der Buchstabe Koppa ϙ, der Anfangsbuchstabe von ϙόρινθος. Rs.: quadratum incusum in Form eines Hakenkreuzes (Svastika).

18. Silberstater aus dem IV. Jhd. Vs.: dieselbe. Rs.: Athena in korinthischem Helm nach links, hinter dem Kopfe wechselndes Beamtenzeichen (σφραγίς). Nach dem Pegasus heißen diese Stücke auch πῶλοι = Füllen. Im Jahre 146 wurde Korinth von Mummius zerstört, aber 46 von Cäsar neu kolonisiert (colonia Iulia) und prägte wieder Kupfermünzen. Bis Domitian stehen die Namen der Münzbeamten auf denselben, nachher werden dieselben fortgelassen und es steht auf den Münzen bloß CLIC (d. h. colonia laus Iulia Corinthus).

Argos. 19. Eisernes Geld, σιδάρεος Ἀργεῖος. Vs.: Vorderteil eines Wolfes. Rs.: A; außer Argos hatten Eisengeld Sparta und Byzanz.

20. Stater aus dem IV. Jhd. Vs.: Kopf der Hera mit hohem, verziertem Kopfschmuck (πόλος). Rs.: zwei Delphine und zwischen denselben ein Wolf. Inschrift ΑΡΓΕΙΩΝ. Hera und Apollon Λύκειος wurden in Argos besonders verehrt.

Messenien. 21. Tetradrachme aus dem Ende des IV. Jhd. Vs.: Demeterkopf. Rs.: Ζεὺς Ἰθωμάτας, den Donnerkeil schleudernd, vor ihm ein Dreifuß und der Beamtenname ΣΩΣΙΚΡΑ(της), hinter ihm ΜΕΣΣΑΝΙΩΝ. Die Messenier hatten zuerst den äginetischen Münzfuß, welcher zur Zeit Alexanders durch den euböisch-attischen verdrängt wurde.

Elis. 22. Stater aus dem V. Jhd. Vs.: Adler mit Schlange. Rs.: Donnerkeil des Zeus und zu beiden Seiten desselben ϝ — Α (= ϝαλείων). Beides sind Symbole des Zeus Ὀλύμπιος, welchem ganz Elis geweiht war.

Arkadien. 23. Stater des nach der Schlacht bei Leuktra wieder erstandenen Arkadischen Bundes (κοινὸν τῶν Ἀρκάδων), dessen Hauptstadt Megalopolis war. Vs.: Kopf des Zeus Λύκαιος. Rs.: Pan auf einem Felsen sitzend, in der Hand den oben etwas gekrümmten Hirtenstab; zu seinen Füßen eine Syrinx. Vor ihm das Monogramm aus ΑΡΚ; auf den Felsen ΟΛΥΜ(πος), wohl Name des Stempelschneiders. Gew. 11,95 gr.

Der Achäische Bund. 24. Vs.: Zeuskopf. Rs.: Monogramm aus Α und Χ im Lorbeerkranz; die Buchstaben, Monogramme und Beizeichen wechseln. Der ganze Achäische Bund hatte dasselbe Maß- und Münzsystem.

Kreta. 25. τετράδραχμον Κνωσίων, II./I. Jhd. Vs.: Kopf des Apollon; im Felde ΠΟΛ — ΧΟΣ (wohl πολιοῦχος?). Rs.: Labyrinth und Inschrift ΚΝΩΣΙΩΝ.

Böotien. 26. Stater, V./IV. Jhd. Vs.: böotischer Schild. Rs.: Herakles als Kind die Schlangen würgend und unten ΘΕ (= Θηβαίων). Gew. 12,6 gr.

27. Stater, IV. Jhd. Vs.: dieselbe. Rs.: Amphora, darüber eine Rosette; Inschrift: ΕΠ—ΑΜΙ (νώνδας). Außer Herakles finden sich auf den Münzen Bakchos, Zeus, Poseidon.

Phokis. 28. Stater der Delphischen Amphiktionie, IV. Jhd. (c. 346). Vs.: Demeterkopf verschleiert und mit Ährenkranz. Rs.: Apollon in langem Gewande auf dem delphischen ὀμφαλός, dem Erdnabel, sitzend, mit Leier und Lorbeerzweig; vor ihm ein Dreifuß. Gew. 12,14 gr.

Lokris. 29. Stater des IV. Jhd. Vs.: Kopf der Persephone. Rs.: Aias, der Sohn des Oileus, nackt, bewaffnet mit Helm, Schild und Schwert in Kampfstellung. Inschriften: ΟΠΟΝΤΙΩΝ (= Ὀπουντίων) und ΑΙΑΣ.

Ätolien. 30. Tetradrachme des III. Jhd. Vs.: der jugendliche Herakleskopf in der Löwenkappe. Rs.: Ätolien in breitkrempigem makedonischen Hut (καυσία), in kurzem Chiton, Chlamys, hohen Stiefeln, bewaffnet mit Schwert und Speer, sitzend auf einem Haufen Schilde, die Hälfte der Brust ist nackt. Inschrift ΑΙΤΩΛΩΝ; im Felde Monogramme und Buchstaben. Gew. 16,82 gr.

Epirus. 31. Goldstater des Königs Pyrrhos (295—272). Vs.: Athenakopf im Helm (von den Stateren Alexanders des Großen). Rs.: Nike mit Kranz und Trophäe. Inschrift: ΒΑΣΙΛΕΩΣ ΠΥΡΡΟΥ.

32. Didrachme des Pyrrhos. Vs.: Kopf des Achilleus im Helm (von ihm leitete Pyrrhos sein Geschlecht ab). Rs.: Thetis auf einem Hippokampen reitend, die Waffen des Achilleus bringend. Inschrift: ΒΑΣΙΛΕΩΣ ΠΥΡΡΟΥ.

Amphipolis. 33. Tetradrachme des IV. Jhd. (c. 400). Vs.: Apollonkopf. Rs.: in der Mitte eine Fackel, im Felde verschiedene Buchstaben oder Beizeichen (hier Λ). Auf einem erhöhten Rahmen die Inschrift: ΑΜΦΙΠΟΛΙΤΕΩΝ. Gew. 14,29 gr.

Makedonien. 34. Philipp II. (359—336). Goldstater. Gew. 8,6 gr. Vs.: Apollonkopf im Lorbeerkranz. Rs.: Nike auf dem Zweigespann, über oder unter den Pferden ein wechselndes Beizeichen (hier ein Kranz). Inschrift: ΦΙΛΙΠΠΟΥ.

35. Alexander III. (336 — 323). Distater. Gew. 17,20 gr. Vs.: Athena im Helm. Rs.: Nike mit Kranz und στυλίς, d. h. dem Stock, an welchem das Akrostolion, der Schmuck des Schiffschnabels, angebracht wurde. Alexander prägte Stücke im Werte von 2, 1, 1/2, 1/4 Stateren. Inschrift: ΑΛΕΞΑΝΔΡΟΥ oder ΒΑΣΙΛΕΩΣ ΑΛΕΞΑΝΔΡΟΥ. Im Felde verschiedene Beizeichen (hier Blitz), Monogramme und Buchstaben.

36. Tetradrachme Alexanders. Vs.: jugendlicher Herakleskopf mit Löwenkappe. Rs.: thronender Zeus, auf der Rechten den Adler, die Linke auf ein Szepter stützend. Inschrift: ΑΛΕΞΑΝΔΡΟΥ (bisweilen mit ΒΑΣΙΛΕΩΣ). Im Felde verschiedene Beizeichen, Monogramme und Buchstaben.

37. Demetrios Poliorketes (306 — 283). Tetradrachme. Vs.: Kopf des Demetrios im Diadem. Rs.: Poseidon, den rechten Fuß auf einen Felsen gestützt, in der Linken den Dreizack. Inschrift: ΒΑΣΙΛΕΩΣ ΔΗΜΗΤΡΙΟΥ, im Felde verschiedene Monogramme. Gew. 17,07 gr.

Tafel 2.

1. Tetradrachme des Demetrios. Vs.: Nike die Posaune blasend, in der Linken die στυλίς; sie steht auf dem Vorderteile eines Schiffes. Rs.: Poseidon mit dem Dreizack, kämpfend; im Felde Beizeichen und Monogramme. Inschrift: ΒΑΣΙΛΕΩΣ ΔΗΜΗΤΡΙΟΥ. Die Darstellung bezieht sich auf den Seesieg bei Cypern (306). In Samothrake hat sich solch eine Nike auf der prora navis gefunden, jetzt im Louvre.

2. Philipp V. (220 — 179). Tetradrachme. Vs.: makedonischer Schild, in dessen Mitte sich der Kopf des Königs befindet, dargestellt als Perseus, in phrygischer Mütze mit Flügeln. Gew. 17,10 gr.

3. Perseus (178—168). Tetradrachme. Vs.: Kopf des Perseus im Diadem.

Olbia (s. oben im Text p. 3 die Abbildung). Sog. as, die einzige gegossene griechische Münze. Vs.: Kopf en face, meist Gorgoneion, seltener Athenakopf. Rs.: Adler auf Delphin und Inschrift ΟΛΒΙΗ. Olbia war Kolonie von Milet.

Pantikapäon. 4. Goldstater. Gew. 9,07 gr. Vs.: Panskopf. Rs.: Greif, gehörnt und geflügelt, mit Speer im Maul, auf einer Ähre stehend. Inschrift: ΠΑΝ (τικαπαιτῶν); IV. Jhd.

Thrakien. 5. Lysimachos (323—281), prägt erst nach 306 Münzen mit der Aufschrift ΒΑΣΙΛΕΩΣ ΛΥΣΙΜΑΧΟΥ. Tetradrachme. Vs.: Kopf Alexanders mit den Ammonshörnern. Rs.: Athena Nikephoros sitzend, auf der Rechten die Nike, neben ihr lehnt ein Schild. Gew. 17,21 gr.

Pontus. 6. Mithridates IV. (250—100). Tetradrachme attischen Gewichts.

7. Pharnakes I. (190—187). Tetradrachme.

8. Mithridates VI. der Große (121—63). Tetradrachme.

Mysien. 9. Pergamon. Tetradrachme des Attalos III., des Sohnes von Eumenes II. (138—133), welcher bei seinem Tode sein Reich den Römern vermachte. Dargestellt ist auf der Vs. der Begründer der pergamenischen Dynastie Φιλέταιρος (284—263).

10. Adramyttion. κιστοφόρος, Gew. 12,5 bis 12,8 gr. = 3 attische Drachmen. Vs.: die mystische Kiste, aus welcher eine Schlange kriecht. Rs.: ein Bogenbehälter (γωρυτός), um welchen sich zwei Schlangen ringeln, und zwei Beamtennamen ΕΥΠ und ΔΙΟ, unten ΑΔΡΑ (μυττίων). Die Prägung der Kistophoren beginnt kurz vor 200 in Ephesos und verbreitet sich bald über ganz Kleinasien.

Ionien. 11. Smyrna. Tetradrachme des II. Jhd. Vs.: Kopf der Kybele in der Mauerkrone. Rs.: ΣΜΥΡΝΑΙΩΝ im Kranz und Monogramm; attisches Gewicht.

12. Ephesos. Tetradrachme des IV. Jhd. Vs.: Biene und Ε-Φ (Ἐφεσίων). Rs.: Vorderteil eines Hirsches und Palmbaum, rechts Name des Magistrats (hier ΑΡΙΣΤΟΔΗΜΟΣ). Gew. 15,29 gr.

Paphlagonien. 13. Amastris. Kupfermünze des II. Jhd. n. Chr. Vs.: Homer und Inschrift: ΟΜΗΡΟΣ. Münzen mit dem Bilde Homers finden sich auch in anderen Städten.

Rhodos. 14. Goldstater des IV. Jhd. Vs.: Helioskopf. Rs.: Blume, das Wappen von Rhodos. Gew. 8,45 gr. Inschrift: ΡΟΔΙΩΝ.

Syrien. 15. Seleukos II. Kallinikos (246—226). Tetradrachme.
16. Antiochos III. der Große (222—187), ὀκτάδραχμον in Gold.
17. Antiochos VI. Dionysos (145—142). Tetradrachme.
18. Demetrios II. Nikator (146—138 und 130—125). Tetradrachme.
19. Tigranes von Armenien (83—69) in armenischer Krone, Tetradrachme.

Judäa. 20. Silberschekel (σίγλος Ἰουδαϊκός). Vs.: Kelch aus dem Allerheiligsten im Tempel zu Jerusalem, der von Titus nach Rom gebracht wurde, und Umschrift in hebräischer Sprache: „Schekel Israel" und über dem Kelch: „Schekath 4" = Jahr 4 = 138 (unter Simon Makkabäus geprägt). Rs.: Lilienzweig mit drei Blüten (der Aaronstab). Inschrift hebräisch: Jeruschalem kedoschah, d. h. Jerusalem die heilige Stadt. Gew. 14,22 gr.

Baktrien und Indien. 21. Eukratides (200—150). Von ihm ist die größte antike Goldmünze geprägt worden, 20 Statere schwer (jetzt in Paris). Abgebildet ist hier eine Tetradrachme mit dem Kopf des Königs im Helm.

Ägypten. 22. Ptolemaios I. Soter (323—284). Tetradrachme. Seit 305 herrscht in Ägypten der phönikische Münzfuß, wo die Drachme 3,57 gr. schwer ist. Außer den Tetradrachmen prägten die Ptolemäer Goldoktadrachmen oder μναεια.
23. Ptolemaios II. Philadelphos (285—247) und seine Schwester und Gemahlin Arsinoe II. Inschrift: ΑΔΕΛΦΩΝ. ὀκτάδραχμον.
24. Ptolemaios III. Energetes (247—222). μναειον.
25. Berenike II., seine Gemahlin; μναειον.

Karthago. 26. δωδεκάδραχμον aus dem Ende des III. Jhd. = 12 Drachmen. Vs.: Kopf der Persephone. Rs.: Pferd, Wappen von Karthago. Gew. 45,61 gr. Die Karthager hatten bis zu der Zeit, wo sie mit den Griechen in Sizilien in Berührung kamen, gar kein gemünztes Geld.

Sizilien. 27. Agrigent (Ἀκράγας). δεκάδραχμον oder πεντηκοντάλιτρον aus dem Ende des V. Jhd. (5 λίτραι = 1 att. Drachme). Vs.: zwei Adler einen Hasen zerfleischend; als Beizeichen eine Heuschrecke (ἀκρίς, daher der Name). Rs.: Wagenlenker im Viergespann, darüber Adler mit Schlange in den Klauen, und Beizeichen: Krebs.
28. Syrakus. Dekadrachme, sog. Δαμαρέτειον, genannt nach der Gemahlin Gelons Demarete, weil sie 480 nach der Niederlage der Karthager bei Himera aus den ihr von den Karthagern geschenkten 100 Talenten diese Münzen schlagen ließ. Vs.: Kopf der Nike im Ölkranz, umgeben von vier Delphinen und der Inschrift: ΣΥΡΑΚΟΣΙΟΝ. Rs.: Wagenlenker auf dem Viergespann, über demselben eine die Pferde bekränzende Nike (geht auf einen Wagensieg Gelons); im unteren Abschnitte ein laufender Löwe.
29. Syrakus. Dekadrachme des IV. Jhd. Vs.: Kopf der Persephone im Ährenkranz, umgeben von 4 Delphinen; unten in kleinen Buchstaben der Name des Stempelschneiders ΕΥΑΙΝΕΤΟΣ (auch ΚΙΜΩΝ findet sich). Inschrift: ΣΥΡΑΚΟΣΙΩΝ. Rs.: ein siegreiches Viergespann, im unteren Abschnitt ΑΘΛΑ und die Preise: Helm, Panzer, Beinschienen und Schild. Gew. 43,22 gr.
30. Hieron II. (275—216), 32 λίτραι schwer.
31. Naxos (Stadt in Sizilien). Tetradrachme des V. Jhd. Vs.: archaischer Dionysoskopf, bärtig und efeubekränzt. Rs.: bärtiger Silen, auf dem Boden sitzend, mit Kantharos in der Hand. Inschrift: ΝΑΧΙΟΝ (+ = ξ).

Großgriechenland. 32. Kalabrien. Tarentinischer Goldstater des IV. Jhd. Vs.: Kopf einer Göttin im Diadem. Rs.: Reiter, sein Pferd bekränzend; unter dem Pferde Purpurschnecke und Inschrift: ΚΥΑΙΧ und der Buchstabe Σ. Gew. 8,6 gr. Sehr oft findet sich auf den tarentinischen Münzen der Heros Taras auf dem Delphin.
33. Lukanien. Metapont; Silberstater VI./V. Jhd. Vs.: eine Ähre und ΜΕΤΑ (Anfang des Stadtnamens). Rs.: dieselbe Darstellung eingedrückt. Gew. 8,15 gr.
34. Bruttium. Kroton. Silberstater VI./V. Jhd. Vs.: ein Dreifuß und die Inschrift ϘΡΟ (κρότων). Rs.: dieselbe Darstellung, nur eingedrückt.

E. P.

Die römischen Münzen.
Tafel IIIb.

In der ältesten Zeit herrschte in Italien Tauschhandel, und zwar war das wichtigste Tauschobjekt das Vieh, Schafe und Rinder daher auch pecunia = das Geld, abgeleitet von pecus. Allmählich fing man an, statt dessen auch rohe, unbearbeitete Stücke Kupfers (aes rude) als Münze zu verwenden; die nötige Masse wurde je nach Bedarf mit der Wage zugewogen. Später stellte man Würfel her, die den Teilen des römischen Pfundes (libra = 12 unciae = 327.5 gr.) im Gewichte entsprachen, aber noch mit keiner Marke versehen waren. Kupfergeld mit Wertzeichen (aes grave oder pecunia signata) kommt kaum vor Ende des IV. Jhd. v. Chr. auf, und zwar in sechs verschiedenen Größen; s. Taf. I, 1–6. Daß das Libralsystem, welches wohl aus Etrurien nach Rom gekommen ist, zu Grunde liegt, ist nicht zu bezweifeln, obgleich das Gewicht oft nicht stimmt.

Sehr bald schon wurde das as, welches ursprünglich = 1 libra war, und seine Bruchteile im Gewichte reduziert, zunächst das as gleich einem triens ($\frac{1}{3}$ libra) gesetzt, d. h. = 109 gr. Diese Reduktion erfolgte sicher vor Einführung der Silberwährung, 268 v. Chr., wie uns der decussis lehrt (s. Taf. I, 7), welcher in dieses System hineingehört und später durch den Silberdenarius ersetzt wurde. Gleichzeitig mit der Einführung der Silberwährung erfolgt dann die Sextantarreduktion (as = sextans = 2 unciae), um das damals herrschende Verhältnis des Silbers zum Kupfer 1:100 (120) auch in Rom herzustellen. Seit dieser Zeit wurden alle Nominale geprägt, die sextantes und unciae wohl schon seit der Trientalreduktion. Nach den schweren Niederlagen im Anfange des hannibalischen Krieges wurde auf Antrag des Diktators Q. Fabius Maximus (217 v. Chr.) das as = uncia gesetzt; endlich zur Zeit des Bundesgenossenkrieges (89 v. Chr.) durch die lex Plantia Papiria de aere publico = $\frac{1}{2}$ uncia s. Taf. I, 8. Bald nachher hörte mit verschwindenden Ausnahmen die Prägung des Kupfergeldes ganz auf und begann erst wieder unter Augustus (15 v. Chr.), aber in ganz anderer Weise und ohne jede Wertbezeichnung. Die Kupfermünzen der Kaiserzeit erscheinen in drei verschiedenen Größen, welche wahrscheinlich 1 sestertius oder 4 asses, 2 asses und 1 as entsprechen, aber gewöhnlich mit Æ I (grand bronze), Æ II (moyen bronze), Æ III (petit bronze) bezeichnet werden.

Die Silberprägung Roms beginnt 268 v. Chr., und zwar wurden geprägt der denarius (= 10 asses), der quinarius (= 5 asses) und der sestertius (= 2½ asses); s. Taf. I, 14, 15, 16. Die ältesten Denare wogen 4,54 gr. oder $\frac{1}{72}$ libra; der sestertius entsprach der kleinsten römischen Gewichtseinheit, dem scripulum = $\frac{1}{24}$ uncia. Ungefähr gleichzeitig wurde für Illyrien und die übrigen römischen Kolonien am Mittelmeere der victoriatus (= $\frac{3}{4}$ Denar = 3,41 gr.) geprägt (s. Taf. I, 9). Die victoriati entsprachen im Gewichte genau den illyrischen Drachmen, was natürlich die Handelsbeziehungen erleichtern sollte. 217 v. Chr. wurde auch der Denar reduziert, und zwar auf $\frac{1}{84}$ libra = 3,89 gr., und 16 asses gleichgesetzt (s. Taf. I, 17, 18). Diese Reduktion erklärt sich zum Teil auch aus dem Bestreben, das römische Münzsystem mit dem des unterworfenen Sizilien auszugleichen — die attische Drachme wiegt damals 3,89 gr. Das Wertzeichen schwindet ca. 89 v. Chr. ganz. Der Denar von 3,89 gr. bleibt bestehen bis Nero, welcher ihn auf $^1/_{96}$ libra oder 3,41 gr. reduzierte. Der Quinar und Sesterz verschwinden nach Einführung des Viktoriats ganz und werden in der Folgezeit nur sehr vereinzelt geprägt. Der Sesterz ist seit Antonius Kupfermünze und bleibt stets die Einheit, welche bei Rechnungen gebraucht wird. Caracalla führt eine neue Münze ein, den argenteus Aurelianus oder Antoninianus, dessen Gewicht wahrscheinlich $^1/_{60}$ libra (5,1 - 5,4 gr.) betrug (= 2 Denare). Auf diesen Münzen trägt der Kaiser stets die Strahlenkrone und die Kaiserin erscheint auf der Mondsichel (s. Taf. II, 32, 33), während die Kaiser auf den gewöhnlichen Denaren den Lorbeerkranz haben. Diokletian kehrte wieder zum reinen neronischen Denar von $^1/_{96}$ libra zurück, welcher aber jetzt den Namen miliarense erhielt, weil er den Wert von $^1/_{1000}$ libra Gold hatte. Das römische Silbergeld ist in der ältesten Zeit bis zum II. Jhd. n. Chr. außerordentlich rein; erst unter Nero beginnt die Beimischung minderwertiger Metalle, welche aber erst unter Septimius Severus größere Dimensionen annimmt. Unter Valerian ist die Münze schon ganz schlecht und hört bald ganz auf. Zwischen 268 und 284 erscheinen Kupfermünzen mit dünner Silberschicht oder Verzinnung, die sog. nummi tincti. Die größeren Münzen tragen das Wertzeichen XX oder K (griech. = 20), was die Münzen als Doppeldenare bezeichnen soll; sie heißen auch follis. Außer dem follis prägte Diokletian noch den halben Denar oder centenionalis, eine Münze, welche seit Honorius (395 n. Chr.) die einzige Kupfermünze im weströmischen Reiche bleibt. Seit Diokletian werden die Silbermünzen nur noch zur Verherrlichung des Heeres oder großer Siege geprägt, und zwar sehr selten; die Goldwährung trägt einen vollen Sieg über die Silberwährung davon.

Neben diesen rein römischen Münzen ist noch zu erwähnen die Reihe der sog. römisch-kampanischen Münzen, welche von römischen Feldherren im Kriege mit den Samniten, Pyrrhos und Karthago resp. in Capua und anderen Städten Kampaniens, Samniums und Apuliens geprägt worden sind. Die Kupfermünzen tragen dieselben Wertzeichen und machen dieselbe Reduktion durch wie die römischen, nur die Typen sind ganz andere und durchweg schönere. Auch die Silberdenare dieser Reihe zeigen die verschiedensten Typen, z. B. Taf. I, 13. 211 v. Chr. hört mit Verlegung des Kriegsschauplatzes die Prägung dieser Münzen ganz auf. Auch die ältesten römischen Goldmünzen gehören in diese Reihe (s. Taf. I, 10, 11, 12); nach Plinius begann deren Prägung 217. Vielleicht gehören hierher auch die schönen großen Kupferplatten zu 4 oder 5 librae (daher quincussis oder quadrussis genannt) mit Tierdarstellungen (Ochs, Adler auf dem Blitz, Pegasus usw.) und der Aufschrift ROMANOM auf einigen von ihnen. S. oben die Abbildung p. 8.

In Rom selbst sind während der ganzen Zeit der Republik Goldmünzen nur eine Ausnahme: das meiste gewonnene Gold wurde in Barren (lateres) eingeschmolzen und so im aerarium Saturni aufbewahrt. Als Goldmünzen kursierten in Italien fremde Münzen, illyrische und makedonische. Das änderte sich erst im I. Jhd. v. Chr., als die Imperatoren eine Rolle zu spielen begannen: Sulla, Pompejus, Cäsar prägten alle Goldmünzen, 8—10 gr. schwer; sie sind aber sehr selten und haben gar kein Wertzeichen. Erst mit Cäsar beginnt die eigentliche Goldprägung in Rom. Das Gewicht des aureus ist unter Augustus noch $^1/_{40}$ libra = ca. 8 gr., nimmt aber dann allmählich ab. Konstantin der Große setzte das Gewicht schließlich fest auf $^1/_{72}$ libra und der aureus hieß fortan solidus; bisweilen steht die Wertbezeichnung LXXII auch auf den solidi. Solange der quinarius existierte, gab es $^1/_2$ aureus oder quinarius; seit Einführung des solidus traten an die Stelle des quinarius der triens = $^1/_3$ solidus und der semis = $^1/_2$ solidus.

Die Münzprägung war bis zum I. Jhd. v. Chr. ganz in der Hand des Senats, welcher dieselbe durch die tresviri auro, argento, aeri flando feriundo ausüben ließ (s. Taf. II, 1). Selten prägten andere Beamten Münzen und stets steht dann auf denselben EX S · C = ex senatus consulto. In der Kaiserzeit wurde die Gold- und Silberprägung Privilegium der Kaiser; nur das Kupfergeld prägte der Senat weiter und setzte S · C = senatus consulto auf die Münzen. Die tresviri werden 4 v. Chr. zum letzten Male erwähnt. In der Kaiserzeit sind die Münzbeamten Sklaven oder Freigelassene des Kaisers, seit Trajan Ritter. Der Hauptmünzhof befand sich in Rom auf dem Kapitol, erst in der Kaiserzeit kommen verschiedene neue Münzhöfe hinzu, Antiochia, Konstantinopel u. a. Falschmünzerei wurde sehr streng, mit Tod oder Verbannung, bestraft; seit Konstantin gilt es als Majestätsverbrechen. Die nummi subaerati, d. h. Münzen, deren Kern aus minderwertigem Metall besteht, welches mit einer dünnen Gold-, Silber- oder Kupferplatte bedeckt ist, sind keine Falschmünzerstücke, sondern vom Staate selbst in schwerer finanzieller Lage emittiert. Über die Prägung selbst s. unten zu Taf. I, 20.

Wirkliche Porträts erscheinen auf den Münzen erst seit Cäsar. Seit Augustus trägt die Vorderseite der Münzen stets das Bild des Kaisers und um dasselbe herum den Titel und Namen desselben. Gewöhnlich ist dieselbe so abgefaßt: IMP(erator) CAES(ar), folgt der Name. P · M oder PONT · MAX (pontifex maximus) TR · P oder POT (tribunicia potestate), folgt die Zahl, COS (consul), folgt die Zahl, P P (pater patriae) oder P F AUG (pius felix Augustus), oft am Ende nochmals IMP mit Zahl, d. h. die wirklichen Akklamationen zum Imperator. Auf dem Kopfe trägt der Kaiser meist einen Lorbeerkranz, selten nichts; seit Nero kommt auch die Strahlenkrone auf. Außer den Kaisern erscheinen auf Münzen die Gemahlinnen, Töchter, Mütter usw. mit dem Titel Augusta; die Prinzen des kaiserlichen Hauses heißen Caesar.

Beschreibung der Tafeln.

Abkürzungen: L = libra; Wz = Wertzeichen; N = aurum; AR = argentum; Æ = aes.

Tafel I.

1. As libralis. Vs.: bärtiger Januskopf und I (Wz. für as = 327,5 gr.).
2. semis libralis. Vs.: Kopf des Juppiter im Lorbeerkranz, darunter liegendes S (Wz. für semis = $^1/_2$ L = 163,7 gr.).
3. triens libralis. Vs.: behelmter Minervakopf und 4 Kugeln (Wz. für 4 unciae = $^1/_3$ L. = 109,1 gr.).
4. quadrans libralis. Vs.: jugendlicher Herkuleskopf mit Löwenkappe und 3 Kugeln (Wz. für 3 unciae = $^1/_4$ L. = 81,8 gr.).
5. sextans trientalis. Vs.: Kopf des Merkur mit Flügelkappe und 2 Kugeln (Wz. für 2 unciae = $^1/_6$ L.).
6. uncia trientalis. Vs.: behelmter Romakopf und 1 Kugel (Wz. für 1 uncia = $^1/_{12}$ L.).
7. decussis trientalis. Vs.: behelmter Romakopf und X (Wz. für 10 asses). Es gibt auch Stücke zu 3 asses = tripondius oder tressis, und 2 asses = dupondius, welche als Wz. III resp. II haben.

Alle diese Stücke 1—7 haben auf der Rs. ein Schiffsvorderteil (rostrum) und dasselbe Wz. wie auf der Vs.

8. semis semiuncialis e lege Papiria cusus. Rs.: außer dem rostrum L · P · D · A · P = lege Papiria de aere publico.
9. victoriatus. Vs.: bärtiger Juppiterkopf im Lorbeerkranz. Rs.: eine ein tropaeum bekränzende Viktoria und die Aufschrift ROMA. Es gibt auch doppelte und halbe Viktoriate.
10. Goldmünze von 60 Sestertien. Vs.: bärtiger Marskopf im Helm; dahinter LX (Wz). Rs.: Adler auf dem Blitz und ROMA.
11. Goldmünze von 40 Sestertien. Nur Vs.: wie 10, nur Wz. XXXX.
12. Goldmünze von 20 Sestertien. Nur Vs.: wie 10, nur Wz. XX.
13. Römisch-kampanischer Denar. Vs.: jugendlicher Januskopf im Lorbeerkranz. Rs.: Juppiter im Viergespann nach rechts sprengend, in der Linken das Szepter, in der gehobenen Rechten den Blitz; darunter ROMA.

Auch Nr. 10—12 gehören zur römisch-kampanischen Serie.

14. denarius (Wz. X = 10 asses),
15. quinarius (Wz. V = 5 asses),
16. sestertius (Wz. II S = as semis = $2^1/_2$ asses).

Alle 3 Nominale haben Vs.: den Romakopf im Flügelhelm, Rs.: die nach rechts mit eingelegter Lanze sprengenden Dioskuren im spitzen Hut (pileus) mit Stern darüber. Sehr bald erscheinen statt der reitenden Dioskuren Götter auf dem Zweigespann oder Viergespann und verschiedene andere mythologische, allegorische und historische Typen.

17. denarius quadrigatus, wegen des Viergespanns auf der Rs. Auf der Vs.: Wz. ✱ = XVI in Ligatur; darüber s. oben im Text p. 8 f.
18. denarius bigatus, wegen des Zweigespanns auf dem Rs. Auf der Vs.: Wz. XVI; s. oben im Text p. 8 f.
19. denarius serratus, wegen des nach Art einer Säge gezackten Randes. Auf der Vs. sieht man die Köpfe des Honos und der Virtus, auf der Rs.: Italien, Rom die Hand reichend.
20. Rs. des Denars des Münzmeisters T. Carisius, auf welcher die bei der römischen Münzprägung notwendigen Instrumente Amboß, Hammer, Zange dargestellt sind; über dem Amboß wahrscheinlich der bekränzte Münzstempel. Der Prozeß bei der Prägung war folgender: das Metall wurde zuerst in der Größe und Form gegossen, welche die Münze erhalten sollte; hierauf wurde das erhitzte Stück Metall mit der Zange auf einen Amboß gelegt, in dessen Mitte der Stempel der Rs. befestigt war; darauf legte man den Stempel der Vs. und mit einem starken Hammerschlage auf den oberen Stempel wurden beide Seiten der Münze ausgeprägt.
21. Kopf eines Galliers, vielleicht des Vercingetorix.
22. Kopf des T. Quinctius Flamininus auf einem aureus, der nach griechischem Fuße geprägt ist für das Kursieren außer dem Bereiche der römischen Herrschaft; im II. Jhd. v. Chr. war das Porträt eines noch lebenden Feldherrn auf einer römischen Münze undenkbar.
23. Münze der aufständischen Italioten im Bundesgenossenkriege. Vs.: behelmter Kopf der Italia. Rs.: in der Mitte eine kniende Gestalt, die ein Schweinchen im Schoße hält; neben ihr 2 Krieger, welche sich über dem Haupte des Schweines einen Eid leisten. Die Inschrift ist in oskischer Sprache.

Seit Cäsar, welcher wenige Wochen vor seinem Tode (44) das Recht vom Senate erhielt, erscheinen auf den Münzen Porträts noch lebender Beamten. Heimlich ist Cäsars Bild auch schon vorher auf Münzen gesetzt worden, z. B.:

24. auf dem aureus, wo die Pietas die Züge Cäsars hat. Auf der Rs. sind Augurstab (lituus), Kanne (praefericulum) und Axt dargestellt.
25. C. Iulius Caesar.
26. Servius Sulpicius Rufus, oft bei Cicero erwähnt.
27. Kopf des Cäsarmörders M. Iunius Brutus.
28. aureus. Vs.: Kopf des Marcus Antonius. Rs.: Kopf der Octavia, Oktavians Schwester, geprägt wahrscheinlich 40 zum Andenken an den Vertrag von Brundusium und beider Vermählung.
29. Kopf der Kleopatra.
30. Kopf des Sextus Pompeius.
31. Kopf des Gnaeus Pompeius Magnus.

Tafel II.

1. Rs. einer Kupfermünze mit Münzbeamtenaufschrift C · CASSIVS CELER · III VIR A · A · A · F · F = triumvir auro, argento, aeri flando feriundo. In der Mitte S C = senatus consulto. Æ II.
2. Augustus (27 v. bis 14 n. Chr.). N.

3. Livia Drusilla oder Iulia, zuerst Gemahlin des Tiberius, nachher des Augustus. Æ II.
4. M. Vipsanius Agrippa, Schwiegersohn des Augustus. Æ II.
5. Tiberius (14—37). Æ II.
6. Germanicus, Vater des Caligula. Æ II.
7. Caligula (37—41), eigentlich Caius. Æ II.
8. Claudius (41—54). Æ I.
9. Nero (54—68). Rs.: der geschlossene Janustempel, über dessen Eingangstür eine Girlande hängt. Æ II.
10. Galba (68—69). Æ II.
11. Otho (69). Æ.
12. Vitellius (69). Æ I.
13. Vespasian (69—79). Æ I.
14. Titus (79—81). Æ I.
15. Domitian (81—96). Æ I.
16. Nerva (96—98). Æ II.
17. Trajan (98—117). Æ I.
18. Hadrian (117—138). Æ I.
19. Antoninus Pius (138—161). Æ I.
20. Mark Aurel (161—180). Æ I.
21. Commodus (180—192). Æ I.
22. Pertinax (192). Æ II.
23. Septimius Severus (193—211). Æ I.
24. Caracalla (211—217). Æ I.
25. Geta (211—212), von seinem Bruder Caracalla ermordet. Æ I.
26. Elagabal (218—222). N.
27. Severus Alexander (222—235). Æ I.
28. Maximin (235—238). Æ I.
29. Gordian III. (238—243). Æ I.
30. Philippus Arabs (244—249). Æ I.
31. Traianus Decius (249—251). Æ-Medaillon, d. h. eine Münze, die größer und schwerer ist als die gewöhnlichen Münzen; die goldenen und silbernen Medaillons sind nach dem herrschenden Münzfuße geprägt.
32. Gallien (253—268). ⎫ argenteus Antoninianus.
33. Salonina, seine Gemahlin. ⎬ s. oben Einleitung p. 9.
34. Aurelian (270—275). Æ.
35. Probus (276—282). Medaillon in Æ.
36. Numerian (283—284). Medaillon in Gold.
37. Diokletian (284—305). follis. Æ.
38. Constantius Chlorus (292—306). Æ. follis.
39. Helena, seine Gemahlin. centenionalis. Æ.
40. Konstantin der Große (306—337). Goldmedaillon.
41. Iulianus Apostata (355—363). follis. Æ.
42. Theodosius (379—395). N. solidus. Die Inschrift CONOB auf der Rs. bedeutet: Constantinopoli obryzum, d. h. reines Gold aus Konstantinopel.
43. Honorius (395—423). solidus. N.
44. Valentinian III. (424—455). triens. N.

E. P.

Die griechischen und römischen Schiffe.

Tafel IV.

Als Prototyp des griechischen Schiffes gilt das ägyptische. Eine Darstellung desselben befindet sich auf der Tafel in der Mitte der obersten Reihe. Der primitive Bau zeigt in der Abbildung deutlich die einzelnen Teile. Wir bemerken: die Bretterbekleidung, in deren unterem Teile die Querbalken sichtbar sind; das Achterschiff, in eine Lotosblume auslaufend; eines der beiden Steuer; den Bug; zwei Halbdecke, je eines im Vor- und Achterschiffe. In der Mitte des Schiffes steht der Mast, ausgerüstet mit Segel und Raaen, letztere aus je zwei zusammengebundenen Stangen bestehend. Dicke Taue erhalten den Mast in vertikaler Lage; andere straffgezogene Taue laufen über Gabelstützen vom Vor- zum Achtersteven und sollen dem noch immer schwachen Bau Stärke und Festigkeit verleihen. Matrosen sind in der Takelage beschäftigt; aber auch durch Ruderer oder Rojer wird das Schiff in Bewegung gesetzt. Befehligt wird das Fahrzeug vom Kapitän, der auf dem Vorderdeck seine Anordnungen trifft.

Wenden wir uns zum griechischen Schiffe. Das erste Bild, links oben, stellt ein altertümliches Schiff, vielleicht der homerischen Zeit angehörend, dar. Der Mast ist zum Gefecht niedergelegt. Die Raa, in der Mitte von einem Balken gestützt, ruht mit ihren Nocken (Raaenden) auf gabelförmigen Stützen. Der Vorsteven läuft in einen Schwanenkopf aus. Das Schiff wird von Ruderern in Bewegung gesetzt.

Das rechts folgende Bild stellt den Bug eines Kriegsschiffes dar. Wir bemerken auf demselben eine Verzierung, genannt das Auge — ὀφϑαλμός. Die Ruderer sind nicht zu sehen, weil sie innenschiffs hinter Schanzkleidern sitzen, welche sie vor feindlichen Angriffen schützen sollen.

Im Hintergrunde sehen wir ein Lastschiff. Hingewiesen sei auf den Mastkorb, der zum Auslug diente.

Rechts vom ägyptischen Schiffe, in der ersten Reihe, bemerken wir die Bilder zweier Schiffe, von denen das eine ein Kriegs-, das andere ein Handelsschiff ist. Beide gehören ins VI. Jahrhundert v. Chr. Geb. Der Bug des Kriegsschiffes ist mit Kupfer gedeckt. Hier sei auf eine neue Erscheinung aufmerksam gemacht: um der größeren Schnelligkeit willen ist die Zahl der Ruderer verdoppelt, und zwar so, daß sie in zwei Reihen über einander erscheinen. So entstand der Zweiruderer, die Diere (biremis).

Die Griechen schritten immer weiter in der Vervollkommnung der Schiffe und Erhöhung ihrer Schnelligkeit. In diesem Bestreben wurde die Zahl der Ruderer bis zu drei Reihen vermehrt. Es entstand der sogenannte Dreiruderer — τριήρης, triremis —, die Triere. In der zweiten Reihe der Tafel sehen wir links ein dreiruderiges Kriegsschiff dargestellt auf Grund der schriftlichen Quellen und des archäologischen Materials, welches uns die Denkmäler bieten.

Zur Verankerung der Schiffe dienten ursprünglich Steine und mit Ballast gefüllte Säcke; erst später wurde der eiserne Anker — ἄγκυρα, ancora — erfunden. Die Trieren führten zweiarmige Anker, in der älteren Zeit je vier, späterhin je zwei.

Was die Rojer — ἐρέται, remiges — der Triere betrifft, so wurden dieselben in drei Abteilungen geteilt: sie saßen zu beiden Seiten in drei Reihen untereinander; jede Reihe führte ihren besonderen Namen. In der obersten saßen die Thraniten — θρανῖται —, niedriger und tiefer im Schiffe saßen auf den Deckbalken die Zeugiten — ζευγῖται —, noch tiefer waren unter diesen die Thalamiten — θαλαμῖται, remiges infimi ordinis — untergebracht. Damit die Riemen, deren Länge natürlich proportional dem Abstande von der Wasserfläche war, beim Rudern nicht aneinander stießen, war der Bord mit einem Riemenkasten, in welchem Rojepforten angebracht waren, versehen.

In späterer Zeit begann man vielruderige Schiffe, als Sechs-, Neun-, Zwölf- und Vierundzwanzigruderer zu bauen. Die Rojer wurden auch auf solchen Schiffen stets in Gruppen, aus Thraniten, Zeugiten und Thalamiten bestehend, eingeteilt.

Wie in der Schiffsbaukunst die Phönizier die Lehrer der Hellenen gewesen sind, denn jene machten die Griechen mit den Regeln des ägyptischen Schiffsbaues bekannt, so müssen die Karthager als die Lehrer der Römer gelten. Nach dem Muster einer gestrandeten punischen Pentere entstand in zwei Monaten die 130 Fünf- und Dreiruderer zählende römische Flotte. Die römischen Kriegsschiffe wurden bekanntlich „lange" — longae — genannt. Nach Beendigung der punischen Kriege wurde die Trireme abgeschafft und fast ausschließlich der Fünf- und Vierruderer gebaut. Ersterer trug 300 Rojer und 120 Krieger.

Während der Griechen Bestreben dahin ging, das feindliche Schiff durch Anrammen zum Sinken zu bringen, suchten die an den Kampf zu Lande gewöhnten Römer ihre Kriegskunst auch auf das Meer zu übertragen, indem sie das feindliche Schiff zu entern versuchten. Zuerst bedienten sie sich dabei der Enterbrücken (Mylae), welche an ihren äußersten Enden Haken zum Festhalten der feindlichen Schiffe trugen. Später gebrauchte man zu diesem Zweck den Enterhaken oder harpax (Naulochium).

In der Schlacht bei Actium (31 v. Chr. Geb.) wurde die schwerfällige griechisch-ägyptische Flotte des Antonius hauptsächlich von den zweiruderigen Schiffen der räuberischen Liburner (in Illyrien) vernichtet.

Der liburnische Zweiruderer — navis Liburna oder Liburnica, Λιβυρνίς — war ein langes, schmales Fahrzeug. Bug und Achterteil unterschieden sich nicht in der Form. Sein Segel war das dreieckige (levantine), sogenannte „lateinische" Segel. Etwas ähnliches bietet das römische Rekognoszierungsschiff — navis Liburna speculatoria (s. das Bild auf Tafel links unten). Diese leichten Kriegsschiffe verdrängten in kurzem die schwerfälligen Vielruderer.

Wir gehen zu dem Last- und Handelsschiffe — πλοῖον φορτικόν, navis oneraria, mercatoria — über. Von dem Kriegsschiffe unterschied es sich durch das Verhältnis der Länge und Breite. Dieses Verhältnis drückte sich beim Kriegsschiffe gewöhnlich in den Zahlen 8 : 1, beim Lastschiffe dagegen in den Zahlen 4 : 1 aus. Die Handelsschiffe führten keine Rojer, waren aber mit einer größeren Anzahl Masten und Segel ausgerüstet und zeichneten sich überhaupt vor dem Kriegsschiffe durch weitere Dimensionen aus. Griechische Last- und Handelsschiffe sind schon oben erwähnt. Eine Darstellung des römischen Handelsschiffes bietet die navis mercatoria in der Mitte der Tafel. Das Schiff ist nach günstiger Fahrt in den Hafen eingelaufen und der Kapitän bringt auf dem Deck den Göttern ein Dankopfer. Im Hintergrunde sieht man den Leuchtturm — pharus —, im Vordergrunde zwei Anker und die steinerne Landfeste, an welcher das Schiff vertäut werden konnte.

Betrachten wir noch die übrigen Darstellungen auf der Tafel, so sehen wir in der mittleren Reihe rechts den Bug eines Schiffes mit dem Fockmast, im Hintergrunde desselben Bildes das Achterteil eines Zweiruderers mit der fächerartigen Heckzierde, in welcher eine metallene Scheibe hängt. Auf ihr wurde der Takt für die Rojer geschlagen. Auf dem Deck ist ein überdachter Raum für die Krieger. Rechts im Vordergrunde ist das Achterteil eines Lastschiffes sichtbar mit zwei Flaggen und einer Galerie hinter dem Kapitänzelte. Die Fenster in der Seitenwand dienten zur leichteren Ladung mit Getreide.

In der unteren Reihe, links, ist ein einruderiges — moneris — leichtes Kriegsschiff — navis actuaria — abgebildet. Riemen und Segel lassen es schnell durch die Wellen gleiten; beide Steuer ragen hoch in die Luft. Originell ist das mehr zweigeteilte Segel, das vielleicht aus zwei dreieckigen zusammengesetzt ist, wie solche jetzt als lateinische Segel im Mittelmeer benutzt werden. Übrigens ist die Takelage und Segelage recht primitiv. Auf der rechten Seite dieses Bildes befindet sich ein Schiff mit zwei Masten aus dem Jahre 186, im Vordergrunde ein Kahn — linter —, der nur in seichtem Wasser Dienste leistete, weil er wenig widerstandsfähig war, und daneben noch ein zweiriemiges Boot — scapha.

Das nächste Bild rechts zeigt das Achterteil eines dreiruderigen römischen Linienschiffes; im Hintergrunde sehen wir ein zweiruderiges Kriegsschiff. Das letzte Bild veranschaulicht ein Kriegsschiff mit zwei Reihen Ruderer. Auf dem Deck erhebt sich ein Turm — propugnaculum —, aus Holz gebaut und ziegelartig angestrichen. Er diente als Brustwehr, auch schleuderte man von seinem Dache aus Speere und Steine. Am Bordeingang befindet sich das Bild der Gottheit — tutela —, deren Schutze das Schiff befohlen war.

St. C.

Die römischen Verteidigungs- und Angriffswaffen.

Tafel V.

Die fünfte Tafel zeigt uns die römischen Waffen aus der Übergangsperiode von der Republik zur Kaiserzeit.

Die oberste Reihe der Abbildungen nehmen Helme ein, und zwar zeigen 2. und 5. Helme von gemeinen Soldaten, 1. und 3. solche von Offizieren, 4. einen Prunkhelm mit versilberter Gesichtsmaske. Die 2. und 5. Abbildung verdeutlichen den Unterschied zwischen Metallhelm — cassis — mit vollständigem Nacken- und Wangenschutz und Lederkappe — galea - mit Metallrand, Kreuzspangen und Sturmbändern. Der unter 1. dargestellte Helm, der wie die galea nur schmale Backenklappen — bucculae — hat, ist durch seinen plastischen Schmuck ausgezeichnet und durch den aus drei Federn bestehenden Helmbusch — crista. Die 3. Zeichnung zeigt den für die Centurionen charakteristischen Helm mit quergestelltem silbernen Kamme.

Unterhalb der Helme erblickt man in der Mitte einen besonders typischen Panzer, aus Metallplatten bestehend — lorica segmentata (8). Der obere Teil ist in ganzen Stücken, der untere in gürtelartigen Streifen gearbeitet. Die Platten hingen auf dem Rücken durch Scharniere zusammen und waren vorne geschnallt oder geknöpft. Außerdem schützten je 3 oder 4 Schienen die Schultern. Um den obersten Rand des Panzers schlingt sich das vom Militär in den nördlichen Provinzen getragene Halstuch — focale —, um den untersten Teil der Gürtel — cingulum militiae — mit herabhängenden Schutzriemen. Außer dem genannten Panzer gab es noch folgende: 1. den Schuppenpanzer — lorica squamata — aus viereckigen oder gerundeten Metallplättchen. Einen Teil eines solchen s. auf der Tafel (9). Auch der Centurio auf Taf. VII ist mit einem Schuppenpanzer gerüstet; 2. den Kettenpanzer — lorica hamata — (einen Teil s. auf der Tafel unter Nr. 10); 3. den steifen griechischen Panzer (θώραξ στάδιος); ihn trugen die Heerführer und Offiziere, wie wir es bei dem Imperator auf Taf. VII sehen; 4. den Lederpanzer, bei den Römern allgemein im Gebrauch; auf Taf. VII tragen ihn der Signifer und der Reiter.

In den unteren Ecken der Tafel sind zwei römische Schilde abgebildet, links der allgemein gebräuchliche viereckige, das scutum (20), mit einem Buckel — umbo — in der Mitte, rechts ein achteckiger (21), welcher zwar von den Schriftstellern nicht erwähnt wird, aber auf den Denkmälern öfters vorkommt. Außer den genannten führten die Römer noch 1. den runden Metallschild der Leichtbewaffneten und Reiter — parma. Er hatte im Durchmesser etwa 3 Fuß; 2. den runden oder ovalen Schild, dessen äußere Fläche gewölbt war — clipeus —; ihn hält auf Taf. VI der Krieger der republikanischen Zeit. Im Felde trugen die Fußsoldaten den Schild an einem Riemen auf der linken Schulter (vgl. den Leichtbewaffneten auf Taf. VI), die Reiter banden ihn auf der linken Seite an den Sattel.

Der Soldat aus der republikanischen Zeit auf Taf. VI und der Centurio auf Taf. VII tragen Beinschienen — ocreae.

Auf der linken Seite der Tafel V ist ein Wurfspieß — pilum — (15) dargestellt. Von den Etruskern übernommen, ward das pilum zur römischen Nationalwaffe. Es bestand, wie wir auf dem Bilde sehen, aus zwei Teilen: dem Speereisen mit der scharfen Spitze und dem Schafte; die Speerklinge läuft in eine Tülle aus, in welcher der Schaft befestigt wurde. Das abgebildete Exemplar war nahezu 2$^{1}/_{2}$ m lang. Wenn der Wurfspieß die Rüstung ,des Gegners durchbohrt hatte, war er zu weiterem Gebrauche untauglich, weil die Spitze sich bei der Schwere des Schaftes verbog.

Auf der rechten Seite der Tafel ist eine römische Lanze (16) abgebildet; sie unterscheidet sich fast in nichts von der griechischen. Rechts vom pilum sehen wir einen Handpfeil — martiobarbulus (11); an die eiserne Spitze schließt sich ein Bleigewicht an, in diesem ist der Schaft befestigt. Der Leichtbewaffnete auf Taf. VI führt einen Wurfspieß mit Riemenschleife

— hasta amentata, bei Caesar tragula genannt. Die Riemen wurden um die Finger gewickelt und verstärkten beim Wurfe den Stoß, indem sie dem Schafte eine wirbelnde Kreisbewegung verliehen.

Links vom Panzer sind ein Dolch — pugio — (13) und ein Schwert (12) in kostbar verzierter Scheide dargestellt. Seit dem zweiten punischen Krieg gebrauchten die Römer das zweischneidige spanische Schwert — gladius Hispaniensis — als Stoßwaffe an Stelle der früheren (gallischen) Hiebwaffe. Der mit dem Schilde bewaffnete gemeine Soldat trug das Schwert am Bandelier — balteus — auf der rechten Seite, die Offiziere, welche keinen Schild gebrauchten, befestigten dasselbe am Gürtel gleichfalls rechts.

Die Schleuderer (vgl. das Bild auf Taf. VI) warfen entweder Steine oder Bleikugeln — glandes —, welch letztere oft mit Aufschriften versehen waren; so trägt das auf der Tafel dargestellte Schleuderblei (14) die Worte „Feri Pomp(eium)".

Als Feldzeichen dienten den Römern anfangs verschiedene Tiergestalten, bis Marius den Adler — aquila — aus Bronze, Silber oder Gold als Legionszeichen einführte. Einen solchen sieht man auf der Tafel (17). Seine erhobenen Flügel sind mit einem Kranze umwunden, in den Fängen trägt er den Blitz, im Schnabel eine Eichel. Das Feldzeichen des Manipels, in der Folge das der Kohorte hieß signum (19). Auf der Stange wurde eine Hand oder ein Kranz befestigt, unter welchen sich das Bild des Kaisers oder eines Gottes befand; noch tiefer unten waren der Name des Truppenteils, Kränze und andere Verzierungen angebracht. Das Banner der Reiterei hieß vexillum (18).

Als Signalinstrumente dienten die Trompete — tuba — (23), die das Zeichen zum Angriffe oder Rückzuge, und das Horn — cornu — (22), welches das Signal zum Marsch gab, ferner die bucina („Kuhhorn"), die den nächtlichen Wachdienst regelte, und in alter Zeit die Zinke — lituus —, angeblich später bei der Reiterei gebräuchlich.

Für Tapferkeit und Auszeichnung vor dem Feinde wurden die Krieger mit Kronen belohnt, von welchen uns auf der Tafel zwei Darstellungen ein Bild liefern können. Die eine, mit goldenen Schiffsschnäbeln geschmückt, hieß die Schiffskrone — corona classica oder navalis oder rostrata — (7); sie wurde dem Flottenführer für Vernichtung der feindlichen Flotte verliehen oder demjenigen, welcher zuerst ein feindliches Schiff erstiegen; mit der andern, welche eine Stadtmauer mit den Zinnen darstellt — corona muralis — (6), wurde derjenige geschmückt, welcher als erster die Mauer einer belagerten Stadt erklommen hatte. Auf Taf. VII sehen wir den Centurio mit der Bürgerkrone — corona civica — dekoriert; sie wurde für Rettung eines Bürgers verliehen und bestand aus Eichenlaub (später in Gold nachgeahmt). Ein weiteres Ehrenzeichen war das Brustgehäng — phalerae —, aus Metall oder Elfenbein, wie es der Centurio auf Taf. VII trägt. Phalerae wurden übrigens auch als Schmuck der Pferde verteilt — s. den Reiter auf Taf. VII.

St. C.

Die römischen Soldaten.

Tafel VI und VII.

Der erste der hier abgebildeten Krieger gehört der republikanischen Zeit an; seine Bewaffnung gleicht ungemein der griechischen; der Helm, der Brustharnisch, pectorale, und die Beinschienen sind von Bronze. Unter dem Harnisch trägt er ein ledernes Koller und unter letzterem ein Hemd mit weiten Ärmeln, subarmale. In der rechten Hand hält er einen Wurfspeer, pilum, in der linken den ovalen Schild. Schwert und Schild hängen an je einem Tragriemen, balteus. Die Füße sind mit griechischen Sandalen, crepidae, bekleidet.

Das zweite Bild stellt einen Legionar der Übergangsperiode von der republikanischen zur Kaiserzeit in der Feldrüstung dar. Der Helm hängt an einem Haken auf der rechten Schulter; der Krieger trägt die lorica segmentata und einen Metallgürtel, cingulum. Das Schwert hängt wiederum an einem balteus auf der rechten Seite; an den Füßen hat er Soldatenstiefel, caligae; um den Hals ist ein Tuch, focale, geschlungen, die Beine sind in Beinkleider gehüllt. Das Tuch sowohl als auch die Beinkleider zum Schutz gegen die Kälte kamen erst seit den Feldzügen in Gallien und Germanien auf. In der rechten Hand trägt der Soldat einen Wurfspieß, pilum, am linken Arme hängt der Schild, scutum; in der linken Hand hält er einen Stock, furca, an welchem die Bagage befestigt ist. Sie bestand aus einem ledernen Schlauche fürs Wasser, einem Netze für den Proviant, dem Kessel (nebst Löffel) und einem kleinen Koffer, der vermittelst Riemen zusammengedrückt wurde. Im Falle plötzlicher Gefahr warf der Soldat seine Bagage auf den Boden, setzte den Helm auf und war kampfbereit. Diese Sitte, die Bagage an einem Stocke zu tragen, ward von Marius eingeführt und schien den Zeitgenossen lächerlich, weshalb sie die Krieger Marianische Maultiere — muli Mariani — nannten.

Links unten sehen wir einen **Krieger in leichter Ausrüstung**. Er trägt eine Tunika und drei Gürtel, von denen zwei sich kreuzen und auf der rechten Seite das Schwert, auf der linken den Dolch halten; der dritte, die Tunika umschlingend, hält eine Platte zum Schutze des unteren Teiles der Brust. Von einem der Gürtel fallen sechs mit Metallscheiben verzierte Schutzriemen herab. Auf der rechten Schulter ist der Kriegsmantel — sagum — durch eine Spange zusammengeheftet. Die Füße sind mit Halbstiefeln bekleidet. In der Rechten hält der Soldat den mit einer Schlinge versehenen Wurfspieß, hasta amentata; am linken Arme hängt der Ovalschild.

Das vierte Bild zeigt einen **Schleuderer, funditor**. Die Schleudersteine trägt er im Mantel, die Rechte hält die Schleuder, funda.

Das erste Bild links auf Tab. VII stellt einen **Imperator** in der Feldherrntracht dar. Die Kleidung besteht aus der Tunika, dem reliefgeschmückten ϑώραξ στάδιος und dem Feldherrnmantel, paludamentum; die Füße sind mit Stiefeln, cothurni, bekleidet.

Das Nebenbild zeigt einen **Centurio**. Er trägt den Schuppenpanzer und den Kriegsmantel, sagum, lederne Beinschienen und an den Füßen die calcei; um die Stirne die corona civica, um den Hals den gewundenen torquis, daran befestigt zwei kleinere torques, auf der Brust phalerae. Die rechte Hand hält den Rebstock, vitis, das Abzeichen der Centurionen.

Das dritte Bild, links unten, stellt den **Bannerträger einer Auxiliarkohorte** dar. Eine Eigentümlichkeit seiner Bewaffnung bildet das Bärenfell auf dem Helme, welches das Äußere des Kriegers furchtbarer machen sollte. Solche Kopfbedeckungen kommen speziell den signiferi zu. Außer der Kleidung und Ausrüstung des Bannerträgers — rund geschürzte Tunika, darüber fransenbesetztes Lederwams, cingulum mit Schutzriemen, Schwert und Dolch (in der umgekehrten Anordnung als gewöhnlich), Halbstiefel — ist die Form seines signum zu beachten. Es ist eine Lanze, an der die verschiedenen Dekorationsstücke aufgereiht sind und die weiter unten eine Querleiste zum Herausziehen aus dem Boden hat.

An vierter Stelle ist ein **Reiter** abgebildet, bekleidet mit ledernem Koller, Hosen, sagum und caligae, das Haupt durch eine Sturmhaube geschützt. In der Linken hält er eine Stoßlanze. Das Pferd trägt eine Decke und ist mit phalerae geschmückt. St. C.

Das römische Lager.
Tafel VIII.

Das römische Heer schlug stets für die Nacht ein durch Wall und Graben befestigtes Lager auf. Uns sind zwei Beschreibungen des römischen Lagers überliefert, die eine aus der Zeit der punischen Kriege von Polybios, die andere aus der Kaiserzeit von Hyginus. Den beiden Beschreibungen entsprechen die zwei auf der Tafel dargestellten Lager.

Die Form des Lagers in den Zeiten der Republik war ein Quadrat — castra quadrata. Der Länge nach wurde das Lager durch eine 50 Fuß breite Straße — via praetoria — in zwei Hälften geteilt; an den Ausgangspunkten dieser Straße lagen zwei Tore, das eine — porta praetoria genannt — auf der dem Feinde zugewandten, das andere — porta decumana — auf der dem Feinde abgewandten Seite. Der Breite nach zerschneiden das Lager zwei Straßen, die via principalis (100 Fuß breit), an deren Enden sich zwei Tore, das rechte — porta principalis dextra — und das linke — porta principalis sinistra — befanden, und die via quintana. In der Nähe der porta praetoria erblicken wir einen freien Platz, das sogenannte praetorium, mit dem Zelte des Feldherrn. Auf diesem freien Platze spielte sich sozusagen das öffentliche Leben des Lagers ab. Dort befand sich der Altar — ara — (22), die Rednerbühne — tribunal — und das auguratorium. Nr. 7 ist das Zelt des Quästors — quaestorium —, wo die Kriegskasse aufbewahrt wurde, Nr. 6 das forum, der Platz für die conciones der Soldaten. Zwischen dem praetorium und der via principalis lagen zu beiden Seiten der via praetoria die Zelte für die zwölf Tribunen — tribuni — (8), die Zelte der zwölf Anführer der bundesgenössischen Heere — praefecti sociorum — (9) und zwei Zelte für die Legaten — legati — (10). Nr. 11 und 12 sind die Zelte der Leibwache — pedites delecti, equites delecti. Jenseits der via principalis kampierte zu beiden Seiten der via praetoria die Reiterei — equites — (21), hinter ihr lagen die Zelte der Triarier — triarii — (20). Durch eine Straße von diesen getrennt ziehen sich die Zelte der principes (19) hin, parallel mit ihnen die der hastati (18). Auf beiden Flügeln kampierte die Reiterei und das Fußvolk der Bundesgenossen — equites (17) und pedites (16) sociorum. Jede Truppengattung kommt hier doppelt vor, weil ein konsularisches Heer, für das ein solches Lager bestimmt ist, aus zwei Legionen bestand. Jede Legion hatte also — von der via principalis ab — eine Lagerhälfte für sich. Im vordersten Teile des Lagers zwischen porta praetoria und Feldherrnzelt standen die abgesonderten Korps der equites und pedites extraordinarii (13 und 14), auserlesene bundesgenössische Truppen. Auch die Hilfstruppen — auxilia — (15) waren hier untergebracht. Die Marketender — lixae, mercatores — hielten sich außerhalb der porta decumana auf.

Die Zelte der einfachen Krieger hießen tentoria, die der höheren Offiziere tabernacula. Auf der Tafel sehen wir zwei aneinander stoßende Zelte.

Das Lager war mit einem Graben und einem Damm mit Palisaden umgeben. Außerdem baute man noch Türme, die mittels Brücken untereinander verbunden werden konnten. Auf der Tafel sind zwei Soldaten abgebildet, die, auf einem Walle stehend, mit der Aufstellung einer Nivellierungs- oder vielleicht einer Wurfmaschine beschäftigt sind. Der Dienst bestand in Tagwachen — excubiae — und Nachtwachen — vigiliae. Auf der Tafel erblicken wir einen wachhabenden Soldaten; hinter ihm befindet sich ein Turm mit dem Signalfeuer und ein Heuschober. Außer den genannten Abbildungen ist noch ein Kriegsmagazin — horreum — dargestellt, das zur Aufbewahrung des Proviantes diente; solche Vorratshäuser konnten neben dem Zelte des Quästors errichtet werden.

Jedesmal, wenn das Heer auf seinem Marsche der Nachtruhe bedurfte, schickt der Feldherr eine Heeresabteilung unter dem Befehle eines Tribunen und zweier Centurionen voraus, welche einen günstigen Standplatz fürs Lager aussuchen und die Straßen ihrer Bestimmung gemäß abstecken mußten. Zwei bis drei Stunden nach Vermessung des Lagers traf das Heer ein und nun ging man sofort daran, den Graben zu ziehen und den Erdwall aufzuwerfen, wobei die Rüstung keineswegs abgelegt werden durfte. Erst nach Beendigung dieser Arbeit wurden die Zelte aufgeschlagen. In ungefähr fünf Stunden konnte das Lager fertig gestellt sein.

Wie verschieden das Lager der Kaiserzeit von dem oben beschriebenen war, zeigt deutlich der zweite Plan auf der Tafel, der nach der Beschreibung des Hyginus hergestellt ist. Die Form des Lagers ist ein Rechteck, um ein Drittel länger als breit. Erhalten haben sich die vier alten Lagertore, porta praetoria und decumana, principalis dextra und sinistra*), und man findet auch die drei Hauptstraßen des Lagers wieder, die via praetoria und senkrecht zu ihr die principalis und quintana. Das Lager zerfällt durch die letzteren in drei Hauptteile, einen vorderen — praetentura —, einen mittleren — latera praetorii (die Flügel des praetorium) — und einen hinteren — retentura. Die Legionen — es sind ihrer drei — lagern jedoch jetzt hauptsächlich längs des Walles, von dem sie durch einen 60 Fuß breiten Zwischenraum getrennt sind. Vier neue Straßen — viae sagulares —, je 30 Fuß breit, sondern die Legionen von der Mitte des Lagers ab.

Den Mittelpunkt des Lagers bildet das mit großer Pracht eingerichtete Feldherrnzelt. Vor ihm lag das forum mit dem Altar, dem tribunal und auguratorium. Längs der einen Seite des praetorium zogen sich die Zelte der Suite, längs der andern die der Beamten hin. Hinter ihnen kampierte beiderseits die Leibgarde, d. h. die Kohorten der Prätorianer. Weiter lagerten bis zu den viae sagulares hin selbständige Heereskörper. — Das quaestorium nimmt gegen früher einen großen Raum ein, indem es sich, dem praetorium gegenüber, von der via quintana bis zur porta decumana, auch p. quintana genannt, erstreckt. Es ist nicht mehr das für den Quästor, Schatzmeister, bestimmte Zelt, denn er ist Anführer einer eigenen Truppenabteilung, sondern dient zur Aufbewahrung der Beute, zur Unterbringung der Geiseln; hier wohnten auch die fremden Gesandten. — In der praetentura erstreckten sich längs der via principalis in zwei durch die via praetoria unterbrochenen Reihen die Zelte der Tribunen und Legaten. Hinter ihnen kampierten die Reiter, die Seesoldaten, einige Kohorten der Legionen, die Kundschafter usw. Hier war auch das Kriegslazarett — valetudinarium —, das veterinarium für kranke Tiere und daneben eine Werkstatt — fabrica. St. C.

---

*) Die Bezeichnungen dextra und sinistra auf der Tafel sind zu vertauschen.

Die Kriegsmaschinen der Griechen und Römer.

Tafel IX.

Tafel IX macht uns mit den **Kriegsmaschinen** der alten Griechen und Römer bekannt. Man kann zwei Arten von Kriegsmaschinen unterscheiden. Die einen wurden bei der Belagerung von Städten gebraucht, mit der Bestimmung, die feindlichen Mauern zu zerstören oder Belagerern und Belagerten Schutz zu gewähren, die andern dienten zum Schleudern von Steinen oder Pfeilen und entsprachen in mancher Beziehung unseren Geschützen.

Hier sind folgende Belagerungsmaschinen dargestellt:

Der Widder — κριός, aries —, eine Erfindung der Karthager. Man sieht 2 Widder an einem aus Leitern angefertigten Gerüste aufgehängt (2. M. o.), darunter einen auf Rädern laufenden Widder — ὑπότροχος κριός, aries subrotatus (3. m. o.).

Der Mauerbohrer — τρύπανον, terebra — mit scharfer Spitze (4. M. o.); mit ihm wurden Löcher in die Mauer und das Tor gebohrt.

Der Enterhaken — falx muralis (1. M. o.) — bestand aus einer langen Stange mit einer sichelförmigen Spitze. Mit ihm riß man einzelne Steine aus der Mauer.

Selbstverständlich mußten die Angreifer an Deckung der Mannschaften denken, die die Breschmaschinen bedienten, und überhaupt aller Soldaten, die der Mauer der belagerten Stadt sich nähern mußten. Ursprünglich diente dazu ein Dach, das durch die Schilde der Soldaten selbst gebildet wurde — testudo (Schildkröte).

Zum Schutze des Widders diente ein fahrbares Schutzdach. Der Name dafür ist: Schildkröte für den Widder — χελώνη κριοφόρος, testudo arietaria (2. l. o.). Diese Schildkröten erhielten ein Satteldach mit spitzem Winkel, damit die auf dasselbe von der Mauer herabgeworfenen Gegenstände leicht abfallen konnten und weniger schadeten; außerdem bedeckte man sie mit schwer in Brand geratendem Material, z. B. Rasen, zu den Seitenwänden verwendete man Bretter und Häute.

Eine ähnliche Vorrichtung, nur etwas kleiner, bestand zur Deckung der Miniersoldaten bei den Erdarbeiten, die χελώνη χωστρίς, testudo ad congestionem fossarum (Schüttschildkröte) (1. l. o.). Sie hatte auf der dem Feinde zugekehrten Seite eine aufklappbare Wand. Neben ihr ist auf der Tafel die Breschschildkröte — χελώνη διορυκτίς — (3. l. o.) dargestellt, unter deren Schutz man die feindliche Mauer angriff. Da sie bis an die Mauer herangeschoben wurde, hatte sie eine senkrechte, offene Vorderseite; ein schräges, bis zur Erde reichendes Dach schützte die Arbeitenden gegen die Geschosse der Belagerten.

Zur Sicherung der freien Verbindung mit den Bedienungsmannschaften der Belagerungsmaschinen oder zum Schutze einer vorrückenden Sturmkolonne dienten ebenfalls „Schildkröten", die sogenannten Laufhallen — στυίδια, ἄμπελοι, vineae (2. r. o.). Ihre Seiten waren mit Flechtwerk verkleidet, das Dach mit feuchten Häuten oder nassem Lehm bedeckt. Die Römer nannten die Schildkröte auch musculus.

Ferner verfertigte man zum Schutze der Angreifer bewegliche, auf Rädern laufende Wände oder große Schilde — plutei — (1. 3. r. o.), meist in Form eines Halbkreises oder eines spitzen Winkels; hinter ihnen hatten 6—7 Mann Platz, die durch Schießscharten Pfeile schossen. Zur größeren Sicherheit bedeckte man die Wände vorne mit Häuten.

Die Kriegskunst der Makedonier schuf ein neues Mittel zum Kampfe mit den Belagerten, das wirksamer war als die vorhin erwähnten — Wandeltürme — πύργοι, turres ambulatoriae —, welche aus mehreren Stockwerken bestanden. Nach oben zu verjüngten sich die Türme und wurden die Stockwerke niedriger. (Die Abbildung (1. M. u.) zeigt nur den unteren Teil eines Turmes.) Die Bretterwände waren mit Häuten oder Kissen verkleidet und von Schießscharten durchbrochen; um jedes Stockwerk lief außen eine Galerie. In entsprechender Höhe ließ man Fallbrücken auf die feindliche Mauer herab. Demetrios Poliorketes, der Meister in der Belagerungskunst, baute vor Rhodos einen besonders großen und berühmten Turm, den man ἑλέπολις nannte.

Leitern — κλίμακες — legte man entweder direkt an die Mauern an oder befestigte sie auf besonderen Untergestellen. Auf unserer Tafel (2. M. u.) ist eine Leiter abgebildet, welche den einzelnen Krieger die Möglichkeit gewährte, von seinem Schilde gedeckt sich bis zur Höhe der Mauer zu erheben und über die Stadtmauern hinwegzusehen; daher hatte sie den Namen spectator (der Späher).

Die griechischen Geschütze kann man in 2 Klassen teilen: die einen schossen in horizontaler Richtung, unter einem kleinen Erhöhungswinkel; sie hießen ὄργανα εὐθύτονα; die andern schossen unter einem bedeutenden Erhöhungswinkel und hießen ὄργανα παλίντονα. Die erste Klasse bestand größtenteils aus Geschützen, aus denen man nur Pfeile schoß — catapultae, καταπέλται ὀξυβελεῖς (1. l. u.). Die Schußweite betrug gegen 400 Meter.

Neben der Katapulte ist eine Armbrust abgebildet — arcuballista, griechisch γαστραφέτης (2. l. u.), weil man sie beim Spannen gegen den Magen stemmte.

Die zweite Art von Geschützen sind die Ballisten oder Steinschleuderer — λιθοβόλοι, ballistae — (2. r. u.), die unter einem Winkel von 45° schossen. Aus den Ballisten schoß man indes nicht nur Steine und Kugeln, sondern auch Pfeile und große Balken. Das Prototyp der Balliste ist in gewissem Sinne die Schleuder. Der Unterschied zwischen Katapulte und Balliste in der Konstruktion des Gestelles und der Pfeilbahn, sowie die Ähnlichkeit des Schlosses ist aus der Zeichnung auf der Tafel ersichtlich. Die Schußweite der Balliste betrug 280 bis 465 Meter. Neben der Balliste ist auf der Tafel ein anderer Schleuderapparat — onager (eigentlich „Wildesel") — (1) abgebildet; er wird auch Skorpion — scorpio — genannt.

St. C.

Das griechische Haus.

Tafel X.

Unsere Schilderung des griechischen Hauses beginnt mit dem XIV. Jahrhundert v. Chr.

Wir sehen auf Taf. X oben in der Mitte den **Plan der Herrscherwohnung von Tiryns** (τὸ Τιρύνθιον ἀνάκτορον). Sie nimmt die oberste Terrasse des Burghügels ein und wurde im Jahre 1884 von Heinrich Schliemann ausgegraben. Betrachten wir die einzelnen Teile des Palastes. Auf einem Rampenwege, der im Osten die Außenmauer durchschneidet, steigt man zur Burg hinauf und betritt durch ein großes Tor das Innere derselben; hinter dem Tore setzt sich der Weg noch eine Zeitlang fort und erweitert sich dann zu einem Vorplatz. Links von diesem sehen wir längs der Wand eine der berühmten, in die Burgmauer eingebauten Galerien mit einer äußeren Säulenhalle und einer Zimmerreihe. Weiter tritt man durch Propyliien in einen großen Hof (αὐλή). Von hier gelangt man links (vom Eingang aus) zu der zweiten der Galerien, rechts dagegen in den eigentlichen Palast. Die einzelnen Zimmer, welche auf den schmalen Korridor der Galerien münden, sind als Vorraträume (θύλοι) zu denken. Dicht an die zweite Galerie stießen zwei Türme, unter welchen sich Zisternen (δεξαμεναί) befanden. Den eigentlichen Palast betritt man durch ein zweites, kleineres Propylion und befindet sich dann zunächst in einem inneren, gepflasterten und mit Säulenhallen umgebenen Hof (αὐλή). Rechts vom Eingange war ein Altar (βωμός) des Zeus. An diesem Hofe nun liegt das Hauptgebäude der ganzen Anlage, die Männerwohnung, bestehend aus Vorhalle (αἴθουσα), Vorsaal (πρόδομος) und dem eigentlichen Megaron. In der Mitte des letzteren befand sich der Herd (ἐσχάρα), umgeben von 4 Säulen, welche die Decke des Saales stützten. Eine Nebentür (ὀρσοθύρα) im Vorhause verband die Männerwohnung mit einer ganzen Reihe kleiner Zimmer, unter welchen ein Badezimmer bemerkenswert ist. Seinen Fußboden bildete eine einzige gewaltige Steinplatte. Darauf stand einst die tönerne Badewanne (ἀσάμινθος). Ein enger, den Saal rückwärts umziehender Gang (λαύρα) führt in die Frauenabteilung. Auch hier finden wir einen Hof (αὐλή), einen Flur (πρόδομος) und einen Saal (μέγαρον) mit dem Herde (ἐσχάρα) in der Mitte, und unter andern Zimmern das Schlafzimmer (θάλαμος) und die Schatzkammer (θισαυρός). Die Wände des Palastes waren mit Ornamenten geschmückt; besonders hervorzuheben ist die **Wandmalerei**, deren merkwürdigste Beispiele sind: der sogenannte tirynthische Stier, ein Teil eines Frieses mit Spiralen und Rosetten und ein Gemälde, Rosetten und Blätterreihen darstellend (auf der Tafel unter μέρος τοίχου Τιρυνθίου γεγραμμένου und τοῖχος Τιρ. γεγραμμένος). Außer Malerei schmückten die Wände Holz, Metall und **Friese aus Alabaster** (s. auf der Tafel die Darstellung eines Frieses (θριγκός) von Rosetten und Spiralen mit eingelegten Stücken ägyptischen Glasflusses (der bei Homer erwähnte κύανος).

Die zwei Pläne links und rechts von dem beschriebenen tirynthischen Palaste veranschaulichen das untere und obere Geschoß des **Hauses aus dem X.—VIII. Jahrhundert** nach der Beschreibung Homers. Seine Hauptteile sind:

a) Der Hof (αὐλή), von einem Säulengange (αἴθουσα αὐλῆς) umgeben. Unter dem Dache, das auf den Säulen ruhte, mögen wohl Diener- oder Gastzimmer, Stallungen, Räume für Handmühlen und Vorratskammern gelegen haben; einen gesonderten Vorratsraum von runder Form (θόλος) sehen wir außerhalb der Säulenhalle links vom Eingange. In der Mitte des Hofes stand der Altar des Ζεὺς ἑρκεῖος.

b) Der Männersaal (μέγαρον, ἀνδρών), ebenfalls mit Säulen, die die Decke stützten; sie standen auf einem gemeinsamen Fundament, das eine Erhöhung rings um das ganze Gemach bildete und große Schwelle (μέγας οὐδός) hieß. Inmitten des Gemaches stand der Herd, auf dem sowohl die Diener als auch die Herren ihre Speisen selbst bereiteten. Der Rauch fand Abzug entweder durch eine Öffnung im Dache selbst, oder durch Öffnungen oben an den Seitenwänden. Zur rechten und linken Seite des Saales liefen Korridore (λαῦραι); in einen von ihnen könnte eine Seitentür (ὁρωθύρι,) aus dem Saale geführt haben.

c) Weiter folgt das Frauengemach oder ein Schlafzimmer (θάλαμος), eine Waffenkammer (θάλαμος ὅπλιον) und eine Schatzkammer (θησαυρός).

d) Das obere Stockwerk (ὑπερῷον) bewohnten Mägde, Töchter des Hauses und manchmal die Hausfrau selbst.

Haus und Hof waren gewöhnlich von einer Umzäunung umgeben. Das Dach war entweder ein flaches Satteldach oder ein Horizontaldach. Als Material zum Hausbau dienten Stein, Lehm und Holz.

Unsere Zeichnung in der Mitte der Tafel zeigt die Vorhalle eines Hauses aus dem VII. Jahrhundert. Der Grundriß ist derselbe, wie bei der Vorhalle des tirynthischen Hauses. Er lebte im griechischen Antentempel fort. Die Wände des dargestellten Gebäudes bestanden wahrscheinlich aus Lehmziegeln und Holzbalken. Die Säulen sind aus Holz und stehen auf steinernen Basen; ebenso die Pfeiler der beiden Anten. Das ganz flach gewölbte Dach war wohl aus Lehm mit eingelegtem Schilfrohr.

Wir gehen nun zu dem Hause des IV. Jahrhunderts über. Die vorletzte Abbildung rechts oben (οἴκημα) zeigt das kleine Haus eines unbemittelten Bürgers, das in Attika ausgegraben wurde, im Grundriß. Hier sehen wir zunächst ein kleines Zimmer mit den Resten eines Herdes, weiter ein Hauptgemach (ἀνδρών), neben diesem ein Gelaß, das wohl für das Kleinvieh bestimmt war, und noch ein Zimmer (θάλαμος). Mit dem äußeren Aussehen eines solchen Hauses macht uns die Zeichnung unten auf der Tafel bekannt.

Das Haus eines reichen Bürgers der historischen Zeit gibt im ganzen den Plan des homerischen Hauses wieder, nur mit dem Hauptunterschiede, daß der frühere Hof (αὐλή) jetzt in einen schönen, nach oben offenen Saal mit einer Säulenhalle ringsum verwandelt war; er hieß später Peristyl (περιστύλιον). Wir geben den Grundriß eines im Piräus gefundenen Hauses mit einem Peristyl (οἶκος ἓν περισ. ἔχων) und einen Idealplan des griechischen Hauses mit zwei Peristylen (οἶκος δύο περιστύλια ἔχων). Die Front des Hauses mit der Eingangstüre (πρόθυρον) und das Vorhaus (θυρωρεῖον, θυρών) waren meist mit Malereien und Inschriften geschmückt. Zu beiden Seiten des Peristyls befanden sich verschiedene Zimmer und Vorratskammern. Der Herd des Hauses war nicht selten in einem besonderen Raume, einer Hauskapelle, untergebracht. In der Mitte des Peristyls stand der Altar des Zeus. In den zweiten Stock führte eine Treppe aus dem Peristyl oder von der Straße herauf. In dem kleineren Hause folgt auf das Peristyl ein Gastzimmer (προστάς) oder wahrscheinlicher ein Männersaal, ἀνδρών, und weiterhin rechts und links je ein Schlafzimmer, θάλαμος und ἀμφιθάλαμος (Mädchenzimmer). Hinter diesen Gemächern gelangt man in den Garten. — Im größeren Hause ist um das erste Peristyl die Männerwohnung, um das zweite die Frauenabteilung angelegt; ein enger Korridor (μέσαυλος θύρα) verband beide. Ferner folgt ein Gastzimmer (προστάς), zu dessen Seiten ein Schlafzimmer und ein Mädchenzimmer lagen. Hinter diesen befanden sich gewöhnlich Arbeitszimmer (ἱστῶνες).

Im IV. Jahrhundert verbreitet sich die Sitte, die Wände des Hauses mit Malereien, Metallornamenten, ja sogar mit Gold und Elfenbein zu verzieren. Der Fußboden war mit Mosaikarbeit geschmückt, die Decke mit Arabesken oder Bildern.

Der Plan unten rechts (οἶκος Δήλιος) stellt ein auf der Insel Delos ausgegrabenes Haus aus dem II. Jahrhundert v. Chr. dar. Die Fassade des Hauses war mit Marmor ausgelegt, die Innenwände mit Stuck bedeckt und bemalt. Zwölf Säulen stützten das Dach des Peristyls und umgaben ein schönes Fußbodenmosaik.

In der Mitte der Tafel über dem schon erwähnten Hause aus dem VII. Jahrhundert sind eine Tür und ein Fenster (nach Vasengemälden) dargestellt. Das griechische Haus hatte nur im Obergeschoß Fenster.

Außer den beschriebenen Zeichnungen bemerken wir noch auf Taf. X die griechischen Säulenordnungen und verschiedene Ornamente.

Die dorische Säule hat folgende Teile:

a) Den unmittelbar — ohne Basis — auf dem Stylobate (Säulenstand) ruhenden Schaft (scapus) mit 16—20 parallelen Vertiefungen — Kanneluren —, die durch scharfe Kanten voneinander geschieden sind.

b) Den Knauf, das Kapitäl (capitulum), das aus dem Halse (hypotrachelion), d. h. der letzten Trommel der Säule, dem Wulst (echinus) und der Deckplatte (abacus) besteht.

Auf dem Abakus ruht das Gebälk, dessen Teile sind: a) der Architrav (epistylium), über die Säulen gelegte und auf jedem Abakus aneinander gefügte Steinbalken; b) der Fries, über dem Architrav, in Triglyphen und Metopen geteilt. Die Triglyphen, vorspringende, mit Schlitzen versehene Flächen, waren ursprünglich die Enden der aus der Mauer heraustretenden Deckbalken. Die Metopen, viereckige Felder zwischen den Triglyphen, gewöhnlich mit Reliefs geschmückt, waren anfangs Öffnungen zwischen den Balken.

Über dem Friese sehen wir das schräg unterschnittene Gesims (corona), an dem ebenso wie am Architrav unterhalb jeder Triglyphe die sog. Tropfenleisten auffallen. Das ganze Gebäude wird von einer wellenförmig ausgeschnittenen Platte, der Sima, gekrönt.

Die Kapitäle der dorischen Säule, der Fries und die Giebelfelder waren meist polychrom bemalt.

Die ionische Säule zeichnet sich vor der dorischen durch gefälligere und leichtere Form aus. Sie steht auf einer Basis, bestehend aus einer viereckigen Platte (πλίνθος) und mehreren Wülsten mit dazwischenliegenden Hohlkehlen. Die Kanneluren der ionischen Säule (24) sind durch schmale Stege voneinander getrennt. Den hervorragendsten Teil des Kapitäls bilden die sog. Voluten, die über den Echinos hinabhängen und in ihren Mittelpunkten kleine Schwellungen, Augen (oculi), bilden. Der Säulenhals ist mit einem Palmettenornament (ἀνθέμιον) verziert. Auf der Volute liegt der niedrige Abakus. Der Architrav besteht aus drei Balken, von denen jedesmal der obere gegen den unteren etwas vorspringt. Der Fries zeigt eine ununterbrochene Oberfläche, oft mit Reliefs geschmückt. Über dem Gebälk ist hier auch das reich verzierte Giebelgesims zu sehen. Polychromie und Vergoldung wurde wie beim dorischen Stil an den oberen Teilen des Gebäudes verwendet.

Die korinthische Säule unterscheidet sich von der ionischen besonders durch ihr Kapitäl. Dieses hat die Form eines nach oben geöffneten Blätterkelches, der aus zwei Reihen Akanthusblättern besteht, mit Blüten und anderen Ornamenten dazwischen. Eine dem ionischen und korinthischen Stil eigentümliche Verzierung des Gebälks ist der Zahnschnitt (denticuli) über dem Fries. Das Gesims ist gekrönt mit einer Reihe von Stirnziegeln; sie bilden den unteren Abschluß der Dachziegellagen und zeigen Palmettenform. Ein einzelner Stirnziegel ist auf der Tafel rechts unter „ἀκρωτήριον" dargestellt.

Außer den Säulenordnungen veranschaulicht unsere Tafel noch verschiedene Arten von Ornamenten und ihre Polychromie, darunter Mäander, Kyma (Eierstab), Palmetten und andere Blumenmuster. Bezüglich ihrer näheren Erläuterung muß auf den ausführlichen Text zu dieser Tafel verwiesen werden.

St. C.

Das römische Haus.

Tafel XI.

Zur Illustration des älteren römischen Hauses dient der Plan auf der Tafel links unten (Forma domus priscae). Den Hauptteil des Hauses bildet ein von oben erleuchteter Raum, an den sich rings herum Zimmer anschließen. Dieser große Mittelraum hieß atrium, von ater (schwarz), weil er wirklich durch den vom Herd aufsteigenden Rauch geschwärzt war. Ein anderer Name ist cavaedium, d. h. rings umschlossener Raum. Solange man die Häuser einzeln stehend baute, hatten die Dächer eine nach außen abfallende Form; wir wissen, daß in ältester Zeit die Häuser in Rom in einem Abstande — ambitus, circuitus — von 5 Fuß gebaut wurden. Später, als diese Regel nicht mehr beobachtet und der Abstand zwischen den Häusern geringer wurde oder ganz verschwand, gab man dem Dache eine andere Form: es fiel nach innen ab. Diese Änderung machte es möglich, das Regenwasser in dem Bassin — impluvium —, welches unter der Dachöffnung angelegt war, zu sammeln. Aus dem Hause führte auf die Straße eine Tür — ianua —; mit der Zeit wurde diese weiter gegen das Atrium hinein gerückt, so daß vor ihr ein offener Flur entstand, das vestibulum. Das Atrium diente als Wohn- und Arbeitszimmer. Ursprünglich wurde auch das Ehebett — lectus genialis — dort aufgeschlagen. Später wurde hierzu ein eigenes Zimmer — cubiculum — ersehen. Die Nische in der Rückwand des Atriums, wo früher das Bett gestanden, wurde vertieft und auf solche Weise ein neuer Raum geschaffen. Seine bewegliche Bretterwand oder die breite ins Atrium führende Tür gibt ihm den Namen tablinum (tabula — Brett). Rechts und links vor dem Tablinum öffneten sich die Seitenflügel — alae —, welche eine antiquierte Verbreiterung des Atriums darstellen. Hier befanden sich oft Büsten und Masken wirklicher oder angeblicher Ahnen; in der Folge dienten die Alae als Vorratsräume oder Hauskapellen, bis sie schließlich zu Durchgangszimmern wurden. Die Speisen wurden anfänglich auf dem Herde neben dem Impluvium bereitet; daselbst stand der steinerne Tisch mit dem Geschirr. Später finden wir die Küche — culina — in einem Winkel des Atriums oder in einer der Nebenzimmer, und der Herd im Atrium dient fortan lediglich religiösen Zwecken. Häufig führte eine Treppe aus dem Atrium in ein zweites Stockwerk, dessen Zimmer durch kleine in die Außenwand gebrochene Fenster erleuchtet wurden, während die unteren Zimmer ihr Licht gewöhnlich vom Atrium aus erhielten. Nicht selten dienten die oberen Räume zu Mietwohnungen. In diesem Falle standen sie durch eine Treppe mit der Straße in Verbindung.

Dieser Typus des römischen Hauses aus der Zeit der Könige und dem Anfange der Republik erhielt sich sehr lange in den Städten und fand sich sogar noch dann, als man längst angefangen hatte nach fremden Mustern zu bauen, selbst in Pompeji. Seit den punischen Kriegen datiert die Bekanntschaft der Römer mit der griechischen Kultur im allgemeinen und dem griechischen Hause im besonderen. Da verliert das Atrium allmählich seine frühere Bedeutung; an Stelle des bisherigen Gartens wird ein griechisches Peristyl angelegt. Zur Verbindung desselben mit dem Atrium dienen Korridore neben dem Tablinum. Der verschiedene Ursprung der beiden Höfe drückt sich auch darin aus, daß die an das Peristyl stoßenden Gemächer großenteils griechische Namen führen, während die um das Atrium gruppierten die lateinischen

Bezeichnungen beibehalten. Das Atrium selbst nimmt aber griechischen Charakter an und bald unterscheidet man folgende Typen:
 a) das alttruskische Atrium mit einem nach innen abfallenden Dache ohne Säulen (s. auf der Tafel oben das Haus im Durchschnitt und unten das Haus in der Perspektive);
 b) das ionische Atrium mit einem auf 4 Säulen ruhenden Dache;
 c) das korinthische Atrium, dessen Dach von einer größeren Anzahl Säulen getragen wird;
 d) das Atrium mit geschlossenem Dach.

Zur Veranschaulichung des hellenisierten römischen Hauses kann der Grundriß zweier aneinander grenzenden Häuser (rechts unten auf der Tafel), nach dem in Marmor geschnittenen Plane Roms aus der Zeit des Septimius Severus, dienen. Neben den Eingängen beider Häuser sehen wir Räume, die nach der Straße hin offen waren und Werkstätten oder Kaufläden enthielten; ihre Besitzer wohnten wahrscheinlich im oberen Stocke. Die Haustüre — ianua — führt in einen engen Vorraum — ostium oder fauces —, aus welchem man durch eine zweite Tür (ebenfalls ostium genannt) ins Atrium gelangte. Wenn sich vor der ianua ein gegen die Straße offener Flur befand, so hieß er, wie schon erwähnt, vestibulum (griechisch πρόθυρον). Die Wohnräume liegen nun fast alle um das Peristyl herum. Das Tablinum dient als Durchgangszimmer zwischen Atrium und Peristyl.

Die Mitte der Tafel nimmt der Plan eines pompejanischen Hauses ein, welches nach einer Inschrift Haus des Pansa, nach einer andern das des Gn. Alleius Nigidius Maius genannt wird. Das Haus bildet eine Insula, d. h. es nimmt ein ganzes Straßenviereck ein. Rechts und links vom Eingange befinden sich Kaufläden — tabernas. Aus dem Vestibül gelangt man durch eine Tür in die fauces, den mehr oder weniger engen Durchgang zum Atrium. Letzteres ist hier etruskisch; unten auf der Tafel findet man eine rekonstruierte Ansicht von ihm mit dem Impluvium in der Mitte und einem kleinen Opferaltar dahinter. Dann folgen die uns bekannten Alae und das Tablinum. Um das Atrium gruppieren sich verschiedene Wohn- und Wirtschaftszimmer — cellae; das am Eingange gelegene Zimmer hat vielleicht dem Torwächter gehört — cella ostiaria. Links vom Tablinum ist ein Winterspeisesaal mit einem Fenster — triclinium fenestratum; auf Grund der in ihm gefundenen Handschriften gilt er auch als Archiv. Ein Korridor — fauces — führt aus dem Atrium in ein Peristyl mit zwei Flügeln, die hier den griechischen Namen exedrae führen; in der Mitte befindet sich ein Bassin — piscina — mit einem Springbrunnen — aqua saliens. Unter den Zimmern, die das Peristyl umgeben, bemerken wir außer mehreren Schlafstätten — cubicula — das triclinium (Speisezimmer), nebenan eine Bibliothek. In der andern hinteren Ecke des Peristyls lagen die Küche — culina —, die Vorratskammer — cella penaria — und eine Remise. Eine Hintertür — posticum — führt aus dem Peristyl (r.) ins Freie. Im Hintergrunde öffnet sich weit ein großes Gemach — oecus —, dem Tablinum des Atriums entsprechend. Neben dem Oecus gelangt man durch einen Korridor — fauces — in einen Säulengang — porticus —, der sich längs der Hinterwand des Hauses am Garten — viridarium — hinzog. Die rechte Seite des Hauses wurde von abgesonderten Mietwohnungen eingenommen — domus conductoria, cellae inquilinorum. Auf der linken Seite des Hausplanes sehen wir eine Reihe von Werkstätten und Kaufläden; einer der letzteren stand mit dem Atrium in Verbindung. Eine Gruppe von Zimmern bildete eine große Bäckerei, worin sich der Backofen — fornax — und in dem Mühlhause — pistrinum — mehrere Mühlen gut erhalten haben.

Oberhalb des Grundrisses der Casa di Pansa sehen wir den Durchschnitt eines anderen rekonstruierten Gebäudes, das im Jahre 1879, also 18 Jahrhunderte nach der Verschüttung Pompejis, ausgegraben und mit dem Namen Casa del centenario (Jubiläumshaus) belegt worden ist. Die Längsachse des Hauses geht durch den Flur, das nach etruskischer Art gebaute Atrium, das Tablinum und das Peristyl. Dann folgt ein Saal — exedra — (an der Stelle, wo im Haus des Pansa der Oecus lag). Von diesem gelangte man noch in einen kleinen, jetzt bedeckten Hof mit einer Brunnennische über einigen Stufen. Über dem Atrium, Tablinum und Peristyl sehen wir ein zweites Stockwerk.

Rechts und links vom Grundriß der Casa di Pansa finden wir Außenansichten römischer Häuser, rechts zwei dreistöckige getünchte Häuser und zwischen ihnen eine Kapelle (nach einem Wandgemälde), links eine Straße von Pompeji in ihrem jetzigen Zustande. Über dem zuerst genannten Bilde ist eine Hauskapelle — sacellum — aus einem pompejanischen Hause abgebildet.

In den letzten Jahren ist in Pompeji ein neues Haus, die sog. casa dei Vetti (Haus der Vettier), bloßgelegt worden. Alles, was hier gefunden ist, hat seinen Platz behalten, die Säulen, das Dach und andere Teile des Hauses sind vollständig wiederhergestellt worden. Den Augen des Besuchers bietet sich die Wohnung des Römers ungefähr in jenem Zustande dar, in welchem sie zur Zeit des letzten Besitzers sich befand; er empfängt daher ein klares Bild von jenem Manne, welcher das Haus baute und schmückte, von seiner Geschmacksrichtung und seiner sittlichen Höhe.

Die Wände römischer Häuser wurden bemalt. In der Entwicklungsgeschichte der pompejanischen Wandmalerei während der letzten 200 Jahre Pompejis unterscheidet man vier charakteristische Perioden:
 a) Der erste Stil (ca. 200—70 v. Chr.) besteht in einer in Stuck ausgeführten Nachahmung (Inkrustation) von Marmorwänden. Zur Veranschaulichung mögen die Wandstücke neben der auf der Tafel dargestellten Haustür — ianua — dienen.
 b) Der zweite Stil (seit etwa 80 v. Chr.) ahmt die Marmorverkleidung der Wände bloß mit Hilfe der Malerei nach; außerdem wird die Wand häufig durch Gebilde aus dem Gebiete der Baukunst unterbrochen.

Auf der Tafel rechts oben ist ein Bild dieser Art gegeben.
c) Das Hauptbestreben des dritten Stiles (vom Anfang der Kaiserzeit bis ca. 50 n. Chr.) geht dahin, die Wände durch Bilder jeder Art zu verschönern, wobei die Wand in viele mit Ornamenten umrahmte Felder eingeteilt wird. Als Übergang vom zweiten zum dritten Stil gilt der sogenannte Kandelaberstil, zu dessen Veranschaulichung zwei Kandelaberdarstellungen auf der Tafel dienen.
d) Der vierte Stil ist durch phantastische Architekturen mit schönen Ornamenten und kühne Zusammenstellungen greller Farben gekennzeichnet; die Wände werden wie beim dritten Stil in Felder eingeteilt (s. die Abbildung links oben auf der Tafel).

Der Fußboden wurde ursprünglich aus Lehm hergestellt, später mit Steinmosaik bedeckt. Ein Estrich aus Lehm und zugefügten Ziegelstücken hieß opus Signinum, ein ganz aus Ziegeln gebildetes Pflaster opus testaceum. Als man anfing Marmor zum Mosaik zu gebrauchen, zerschnitt man ihn in regelmäßige Stücke: große Quadrate — opus quadratum — oder kleine — opus tessellatum — oder auch Drei- oder Sechsecke — opus sestile. Ein kunstvolles Mosaikbild aus kleinen Marmorstücken, Glasstäben und sogar geschliffenen Edelsteinen hieß opus vermiculatum. (Auf der Tafel unten sind einige Muster römischer Mosaiken dargestellt.)

Oben auf der Tafel sehen wir die Darstellungen von Kapitälen und Basen der von den Römern hauptsächlich verwendeten **Säulenordnungen**, nämlich der korinthischen Säule und der daraus entwickelten Säule mit Kompositkapitäl. Zwischen den beiden Säulentypen ist ein **Friesrelief** aus der römischen Kaiserzeit wiedergegeben.

St. C.

Das antike Theater.

Tafel XII und XIII.

Tafel XII.

Das griechische Theater ist aus drei Bestandteilen zusammengewachsen: 1. dem Chortanzplatz (ὀρχήστρα), 2. dem Bühnengebäude (σκηνή, ursprünglich „Bude"), 3. dem Zuschauerraum (θέατρον). Das attische Drama hat sich aus dem Chorlied entwickelt und spielte sich auf dem Chortanzplatz ab. Die Schauspieler standen nicht wie bei den Römern und bei uns auf einer Bühne, sondern agierten gemeinsam mit dem Chor auf dem ebenen Boden der Orchestra, die sich vor der Skene ausdehnte und von den aufsteigenden Zuschauersitzen im Halbrund umgeben war. Ursprünglich umtanzte der Chor den Altar des Dionysos, der die Mitte der kreisrunden Orchestra einnahm. Dieser Altar (βωμός) mit seiner Trittstufe (βῆμα, θυμέλη) wurde auch zum Mittelpunkt des dramatischen Spiels. Auf der Thymele fand der Musiker seinen Platz. In späterer Zeit heißt auch das vom Altar vollständig getrennte **Musikerpodium** θυμέλη: vgl. die Abbildungen: links Sänger (αὐλῳδός) mit dem begleitenden Flötenspieler auf einem niedrigeren, rechts Flötenvirtuose (αὐλητής) auf einem höheren Podium, zu beiden Seiten die letzteren die Preisrichter. Das Bühnenhaus wurde in den griechischen Theatern erst verhältnismäßig spät als dauerhafter Bau in Stein ausgeführt. In der klassischen Zeit spielte man noch vor einer temporären, für jedes Fest neu aufgeschlagenen hölzernen Skene. Ihre Fassade bildete den Spielhintergrund. Vgl. den **Rekonstruktionsversuch des älteren griechischen Theaters**: die Front eines einfachen, einstöckigen Gebäudes ist so gehalten, daß sie den typischen Königspalast der Tragödie und nötigenfalls auch einen Tempel andeuten konnte. Zwischen der Skene und dem Zuschauerraum führen offene Zugänge (πάροδοι) in die Orchestra.

Der **Grundriß eines steinernen Theaters aus griechischer Zeit** zeigt einen über den Halbkreis hinausgehenden Zuschauerraum mit schräg laufenden Abschlußmauern (ἀναλήμματα). Außerhalb des Orchestrakreises (der im Theater von Epidauros durch eine Steineinfassung auch äußerlich hervorgehoben ist) steht, vom Zuschauerraum getrennt, die Skene. Die einzige architektonische Verbindung zwischen beiden bilden die Eingangstore zu den πάροδοι. Die unterste Sitzreihe enthielt die Ehrenplätze (προεδρία), entweder in Form von Bänken mit Lehne oder in Gestalt von einzelnen Marmorsesseln. Als Beispiel dient der **mittelste Sessel der Proedrie zu Athen**, der dem Priester des Dionysos Eleuthereus gehörte und durch plastischen Schmuck ausgezeichnet ist (IV. Jahrh. v. Chr.). In Epidauros findet sich, wie fast in allen Theatern Griechenlands seit dem III. Jahrh. v. Chr., vor der Skene ein Vorbau in der Höhe des unteren Stockwerks, das προσκήνιον. Es besteht aus einer Reihe von Halbsäulen, zwischen denen bemalte Holztafeln (πίνακες) eingeschoben wurden (s. den Aufriß und den Grundriß der beiden Endstücke auf der Tafel unten). Im Mittelinterkolumnium war eine Türe angebracht. Von beiden Seiten führen auf die Decke des Proskenions Rampen (nicht Treppen!). Das Proskenion ist nach W. Dörpfelds Theorie die in Stein übersetzte Dekorationswand des griechischen Theaters, nach der Ansicht seiner Gegner die Vorderwand einer sehr hohen und sehr schmalen Bühne (λογεῖον), deren Errichtung durch den Wegfall des dramatischen Chors veranlaßt worden sei.

Sicher ist, daß sich zur Zeit des Augustus die Umwandlung des antiken Theaters in ein Bühnentheater bereits vollzogen hatte, und zwar unterscheidet der römische Architekt Vitruv (V 6 f.) zwei Typen desselben, einen römischen mit niedriger und bis an die Mitte des ehemaligen Orchestrakreises vortretender Bühne und einen griechischen mit hoher, schmälerer und weiter zurückliegender Bühne (vgl. die Grundrisse oben links und rechts). Einen Blick in ein solches Bühnentheater bietet das Mittelbild der Tafel, doch ist die charakteristische Gestalt des Theaters römischer Zeit nicht gegeben, da in diesem immer das unterste Geschoß der Skene durch den reichsten Säulenschmuck ausgezeichnet ist und zwischen Skene und Zuschauerraum keine offenen Zugänge mehr bestehen.

Außerdem stellt die Tafel XII dar: 1. einen Dreifuß, den Siegespreis im Agon der lyrischen (dithyrambischen) Knaben- und Männerchöre; 2. die Rekonstruktion einer Periakte. Diese Art von drehbaren Kulissen scheint der Szenerie des V. Jahrh. noch gefehlt zu haben. Wir kennen sie aus dem Lexikographen Pollux als eine Einrichtung des hellenistischen Theaters. Die Periakten waren dreiseitige Prismen, die sich um eine im Boden befestigte Achse drehten. Je eine Periakte stand neben den seitlichen Zugängen zum Spielplatz und charakterisierte dessen nächste Umgebung, hauptsächlich durch landschaftliche Malerei. Bei Umdrehung der Periakte wechselte die Dekoration und die Bedeutung der betreffenden Zugangs; drehte man beide Periakten gleichzeitig, so war die Handlung überhaupt an einen andern Ort verlegt; 3. Eintrittsmarken zum Besuche der im Theater stattfindenden Volksversammlungen und Aufführungen. Aus vorrömischer Zeit sind zu unterscheiden a) Bronzemarken, die in Athen im IV. Jahrh. in Gebrauch kamen. Der Buchstabe bezeichnet eine bestimmte Abteilung des Zuschauerraums, und zwar, wenn er einmal auftritt, im untersten Rang (unterhalb des ersten διάζωμα). In diesem Falle zeigt die andere Seite einen Athenakopf, Löwenkopf oder dergl.; b) Marken aus Blei, die häufigste Sorte, in Athen ebenfalls gebräuchlich. Die abgebildeten Stücke sind nur auf einer Seite mit Prägung versehen und zeigen neben dem Buchstaben irgend ein Emblem (H, Eule auf einer Amphora — E, Kerykeion); c) Marken aus Ton vom Theater in Mantineia, die zum Unterschied von den andern auf Namen lauteten (z. B. Ξανξίνϑιος Ξανϑίαν), also für den Inhaber als persönliche Legitimation angefertigt waren und in seinen Händen blieben.

Tafel XIII.

1. Kostüme. Die Tracht der griechischen Tragödie unterschied sich von der des täglichen Lebens hauptsächlich durch die Buntheit und die Stickereien der Gewänder und durch die Form des Unterkleides (χιτών), welches bei den Heroen meist bis auf die Füße reichte, hochgegürtet und stets mit langen Ärmeln versehen war. Die Heldendarsteller wurden durch starke Unterlagen unter den Schuhen, durch Auspolsterung des Rumpfes und durch besonders hohe Masken über ihre Umgebung emporgehoben. Die Unterlagen unter den Schuhen bestanden vielfach, namentlich in der Kaiserzeit, aus unförmlichen, stelzenartigen Holzklötzen. Beispiele tragischen Kostüms bieten 1. zwei pompejanische Wandbilder, Priamos bei Achill und Medea vor dem Kindermorde darstellend. Die Figuren sind ohne Kothurn gezeichnet; 2. die Elfenbeinstatuette eines Schauspielers in reicher Kleidung, mit höchst pathetischer Gestikulation; 3. eine Einzelfigur (König mit Zepter) und zwei Gruppen (Philoktet und Odysseus, zwei schutzflehende Frauen) aus einem Zyklus von Mosaiken in plumper Ausführung. Die Chitone zeigen bunte Horizontalstreifen, die Kothurne die häßliche Form des Stelzschuhs (bei der Aufführung wohl immer durch das Gewand verdeckt). Nicht durch die Bühne beeinflußt ist das Vasenbild „Elektra und Chrysothemis an Agamemnons Grab", daher Tracht des gewöhnlichen Lebens.

Die Schauspieler des Satyrdramas waren außer den Silen Götter und Heroen, und ihre prächtige Gewandung unterschied sich von jener der Tragödie höchstens durch die geringere Länge des Chitons, vielleicht auch durch das Fehlen des Kothurns (Tanz!). Vgl. Abb. (Ende des V. Jahrh.). Choreuten eines Satyrdramas, Satyrn, sieht man auf der Abbildung einer Theaterprobe. Sie tragen nur einen zottigen Schurz um die Lenden, im übrigen erscheinen sie nackt, d. h. sie waren mit Trikot bekleidet.

Die alte attische Komödie benutzte einfach die Tracht des gewöhnlichen Lebens oder karikierte sie (Kürze der Chitone und Mäntel). Die Nacktheit war auch hier durch Trikot angedeutet und besonders Bauch und Hinterteil stark ausgepolstert. Die Fußbekleidung war ein gewöhnlicher Schuh ohne Erhöhung der Sohle. Nahe verwandt war die Tracht der großgriechischen Phlyakenposse, die wir aus zahlreichen Vasenbildern kennen. Sonderbar ist hier die Art des Trikots: der ganze Körper scheint mit einem Überzug bekleidet, der an den Armen und Beinen nicht fleischfarben, sondern gestreift ist; darüber ist ein den Rumpf allein bedeckendes, vorn und hinten stark ausgestopftes Wams gezogen, das noch kein Kleidungsstück, sondern den nackten Körper bedeuten soll. Die neuere attische Komödie war auch in ihrem Kostüm ein Abbild des wirklichen Lebens. Die Gewänder wurden ehrbarer (lange Chitone und Mäntel), die burleske Auspolsterung von Bauch und Hinterteil verschwand, dagegen war das Trikot noch üblich. —

Die possenhafte Szene auf der Tafel links unten (Herakles und sein Sklave Xanthias Einlaß begehrend) entstammt dem großgriechischen Phlyakendrama, ist aber offenbar nur eine Replik der Eingangsszene von Aristophanes' „Fröschen". Eine Possenszene zeigt auch das Mittelbild (der Alte auf seinem Geldschrank, von zwei Männern bedroht). Hier spielt sich der Vorgang auf einer Bühne ab, wie es überhaupt bei der chorlosen Volkskomödie in Unteritalien die Regel war. Meist waren es improvisierte Holzbühnen. Die Vorderwand der hier vom Maler gezeichneten Bühne weist solide Säulenarchitektur auf. Rechts unten ist eine Szene aus einer neueren Komödie wiedergegeben (der überraschte Sklave).

II. Masken. Die Gesichtsverhüllung stammte aus dem dionysischen Kultgebrauch und wurde beibehalten, obwohl sie der Kunst eine Fessel anlegte. Die Masken waren auf Fernwirkung gearbeitet, sie hoben das Typische stark hervor und brachten eine Grundstimmung zum Ausdruck, die freilich nicht immer das ganze Stück hindurch paßte. Die Mundöffnungen waren möglichst groß, um die Entfaltung der Stimme nicht zu hindern, und nahmen in der Komödie geradezu groteske Dimensionen an. Die Maske bedeckte auch den Hinterkopf. Dem Haaraufsatz über der Stirne gab man später wenigstens bei den Masken der Helden eine hochragende dreieckige Form ($\check{o}\gamma\kappa o\varsigma$). Für die immer wieder vorkommenden Charakterrollen waren typische Masken vorrätig (Verzeichnis bei Pollux IV 133 ff.). Masken, welche für einen bestimmten Fall eigens angefertigt werden mußten, hießen $\dot{\varepsilon}\pi\sigma\kappa\varepsilon\iota\alpha\ \pi\rho\dot{\iota}\nu\omega\pi\alpha$. Abgebildet sind 1. als Beispiele tragischer Masken: die „blasse Frau mit den langen Haaren", der „blondhaarige Mann", der „weißhaarige Mann", der „lockige Jüngling", die Maske eines bärtigen Mannes (eines Königs) in der Hand einer Melpomenestatue, die Maske einer Lyssa oder Erinys (dekoratives Wandbild ohne die Merkmale der Theatermaske); 2. ein pompejanisches Wandgemälde, welches die in Euripides' „Andromeda" gebrauchten Masken zu einem Tableau vereinigt, unter Andeutung der Szenerie. Perseus trug die übliche Maske des Heldenjünglings, des $\pi\dot{\alpha}\gamma\chi\rho\eta\sigma\tau o\varsigma\ \nu\varepsilon\alpha\nu\iota\sigma\kappa o\varsigma$, aber mit der ihm eigentümlichen Kopfbedeckung (Hadeshelm); 3. als Beispiele komischer Masken: der polternde Vater, die wichtigste unter den Greisenrollen der neueren Komödie, des $\dot{\eta}\gamma\varepsilon\mu\dot{\omega}\nu\ \pi\rho\varepsilon\sigma\beta\dot{\upsilon}\tau\eta\varsigma$, das Ohrfeigengesicht des Schmarotzers und eine zweite Greisenmaske, nach ihrem Erfinder Hermon benannt. Vgl. die Masken auf den pompejanischen Tragödienszenen mit ihren hohen $\check{o}\gamma\kappa o\iota$, die Maske der Schauspielerstatuette mit ihren großen Augenöffnungen, die Masken auf dem Bild der „Theaterprobe", wovon die weißbärtige der $\pi\dot{\alpha}\pi\pi o\varsigma\ \Sigma\varepsilon\iota\lambda\eta\nu\dot{o}\varsigma$.

III. Musikinstrumente. Abgebildet sind 1. Saiteninstrumente: $\lambda\dot{\upsilon}\rho\alpha$ (sitzende Muse rechts), $\kappa\iota\vartheta\dot{\alpha}\rho\alpha$ (mittlere Muse; Kitharöde, singend und mit dem $\pi\lambda\tilde{\eta}\kappa\tau\rho o\nu$ das Instrument spielend); $\tau\rho\dot{\iota}\gamma\omega\nu o\nu$ (= $\sigma\alpha\mu\beta\dot{\upsilon}\kappa\eta$, Harfe; sitzende Muse links). 2. Blasinstrumente: Flöte, $\alpha\dot{\upsilon}\lambda o\dot{\iota}$ (im Altertum immer Doppelflöte; die eine der gekreuzten Flöten hat einen hornartigen Fortsatz, cornu Berecynthium), $\sigma\dot{\upsilon}\rho\iota\gamma\xi$ (Flötenspieler mit Mundbinde ($\varphi o\rho\beta\varepsilon\iota\dot{\alpha}$) auf der „Theaterprobe"). 3. Lärminstrumente: sistrum (Isiskult), Cymbeln, Tambourin und scabillum ($\kappa\rho o\upsilon\pi\dot{\varepsilon}\zeta\iota o\nu$), eine mit dem Fuße zu tretende Klapper zur lauten Angabe des Taktes.

E. B.

Das alte Athen.

Tafel XIVa und XIVb.

I. Lage: Berge, Flüsse. Das alte Athen lag am Rande der fruchtbaren Ebene des unteren Kephisos, die sich zwischen dem Aigaleos (453 m Höhe) im W. und dem Hymettos (1027 m Höhe) im O. ausdehnt und den reichsten Teil des attischen Landes bildet. Die Stadt breitete sich über eine Gruppe von Hügeln aus, die eine südliche Fortsetzung des jetzt Turkowuni, im Altertum vielleicht Anchesmos genannten Bergrückens sind. Im NO. überragt das Stadtgebiet der südliche, spitze Gipfel des Lykabettos (277 m Höhe). An ihn schließt sich nach SW. zu, durch einen Sattel mit ihm verbunden, zunächst der Akropolishügel (157 m) an, die Stätte der ältesten Ansiedelung und auch später der Kern der Stadt. Nordwestlich von ihm liegt der Areopag (116 m). Weiter südlich beginnt ein nach NW. streichender Höhenzug, welcher aus dem Museion (148 m), der flachen Pnyx (110 m) und dem sogen. Nymphenhügel (102 m) besteht. Der nördliche Abfall dieses Höhenzuges bildete noch einen felsigen Vorsprung über der Ebene in dem sogen. Marktkolonos ($K o\lambda\omega\nu\dot{o}\varsigma\ \dot{\alpha}\gamma o\rho\alpha\tilde{\iota}o\varsigma$).

Die ganze Hügelgruppe wurde auf der SO.- und S.-Seite umbogen von dem jetzt meist trockenen Bette des Flüßchens Ilissos, das sich westlich von der Stadt in den Kephisos ergoß. An das linke Ufer des Ilissos stoßen in der Nähe der Stadt einige Ausläufer des Hymettos, von denen der höchste (126 m) Ardettos genannt wird. Westlich von diesem Berge wird das Bett des Flüßchens durch eine Felsbarre gekreuzt, und das Flußwasser hat sich für gewöhnlich den Weg unter der Barre gesucht und tritt an deren Südseite in Gestalt einer Quelle wieder ans Tageslicht. Diese Quelle inmitten des Flußbettes wurde **Kallirrhoe** genannt.

Längs dem Nordfuße der Akropolis und der übrigen nördlichen Hügel floß ein anderes Flüßchen, der **Eridanos**, dessen Quellen auf dem südlichen Abhang des Lykabettos zu suchen sind (vgl. Strabon IX, 397). Als sich die Stadt über die beiden Ufer des Flüßchens ausbreitete, wurde dieses überdeckt und ist als Kloake zum Teil noch jetzt tief unter dem Boden der heutigen Stadt zu sehen. Nördlich vom Nymphenhügel beim Heiligen Tor kam der Eridanos aus der Stadt heraus und floß dann in den Ilissos. Ein weiterer Bach, der **Skiros**, kreuzte die heilige Straße in der Nähe der Stadt. Er kam ebenfalls vom Lykabettos und floß direkt unter der nördlichen Mauer der Stadt.

Athen lag in geringer Entfernung von einer mit guten Hafenplätzen ausgestatteten Meeresküste. Ihr nächster Punkt, die Bucht von **Phaleron**, war nur etwas über 4 km von der Stadt; etwas weiter westlich, etwa 7 km vom Stadtgebiet, lag die Peiraieushalbinsel mit zwei kleinen und einer großen und tiefen Bucht, welche leicht zu einem vorzüglichen Hafen gemacht werden konnte.

II. Das vorgeschichtliche Athen.

In der Urzeit, aus welcher die sagenhafte Kunde vom schlangenfüßigen Kekrops und vom König Erechtheus herüberklingt, war Athen eine befestigte Burg ($\pi \acute{o} \lambda \iota \varsigma$), die **Kekropia** geheißen haben soll und deren Machtbereich sich nur über den nächstgelegenen Teil der Kephisos- und der Ilissos-Ebene erstreckte. Denn Attika war damals noch nicht geeinigt, sondern zerfiel der Tradition nach in zwölf Staaten. Wie andere vorgeschichtliche Burgen auf griechischem Boden war auch „Kekropia" nicht am Meere angelegt, sondern im Winkel der Ebene, um nicht räuberischen Angriffen von der Seeseite preisgegeben zu sein. Wie die andern Herrschersitze der „mykenischen" Periode war es auch nur die befestigte Residenz eines Burgherrn mit Wohnungen für sein Gefolge. Die älteste Ansiedelung beschränkte sich auf die Höhe des Akropolishügels und einen Teil seines westlichen und südlichen Abhangs (Thuc. II 15, 3). Dieser untere Teil des ältesten Athen trug später den Namen **Pelargikon**, welchen die Alten selbst mit dem Volk der Pelasger in Zusammenhang brachten.

Die wenigen Reste, die wir von den Mauern dieser Burg noch haben, stimmen in ihrer Bauart mit den viel besser erhaltenen Ruinen von Tiryns, Mykenä und anderen Burganlagen der mykenischen Epoche überein. Die Akropolishöhe war mit einer Burgmauer von „kyklopischer" Bauart umgeben, die in einer vielfach gebrochenen Linie dem Rande des Plateaus folgte. Sie schloß daher einen viel kleineren Raum ein als die später nach Erweiterung des Plateaus aufgeführten Befestigungen. Eine zweite Mauer umgab den unteren Teil der Ansiedelung, das Pelargikon. Eine Einfahrt war nur an der W.-Seite der Burg, wo der im Zickzack heraufsteigende Fahrweg durch eine neunfache Toranlage ($\grave{\epsilon}\nu\nu\epsilon\acute{\alpha}\pi\nu\lambda o\nu$ $\Pi\epsilon\lambda\alpha\varrho\gamma\iota\varkappa\acute{o}\nu$) geschützt war. Außerdem führte aber, ähnlich wie in Mykenä und Tiryns, noch ein schmaler Treppenaufgang zur Höhe, und zwar an der NW.-Ecke. In diesem Teile der Akropolis lag auch der **Palast der Herrscher von Kekropia**. Von ihm sind nur noch zwei Steine zwischen den Fundamenten des später dort errichteten alten Athenatempels gefunden worden, die Basissteine für große hölzerne Säulen.

Unter der NW.-Ecke der Burg, noch innerhalb der Befestigung, befand sich im Felsen eine Quelle, **Klepsydra**, zu der eine Treppe, in ihrem unteren Teile aus dem Felsen gehauen, hinabführte. Doch die Hauptquelle, welche die Einwohner dieser ältesten Ansiedelung mit Wasser versorgte, lag dem Tore des Pelargikon gegenüber in einer Grotte unter dem Pnyxfelsen. Diese Quelle hieß wie die im Ilissosbette **Kallirrhoe**. Man suchte das Quantum des Wassers hier dadurch zu vermehren, daß man mehrere Sebüchte und Stollen in den Felsen hineintrieb und ringsherum viele Brunnen anlegte.

Um die Akropolis herum bildeten sich früh auf den verschiedenen Hügeln und in der Ebene einzelne **Niederlassungen**, die Anfänge späterer Stadtviertel oder Demen. Diese Demen wuchsen sicher bald um die Akropolis herum zu einer Stadt zusammen, als Athen das Haupt des geeinigten Attikas wurde. Dies geschah der Tradition nach durch den **Synoikismos des Theseus**. Athen wurde der alleinige Regierungssitz, es gab nur mehr einen Rat und ein Prytaneion im Lande (Thuc. II 15, 2), viele Geschlechter siedelten aus den Orten, deren politische Selbständigkeit nunmehr aufgehoben war, nach Athen über und auch ihren Göttern wurde in den neuen Vororte des Landes eine Stätte bereitet. So erhielt die Artemis von Brauron ein Heiligtum auf der Akropolis, der Apollon aus der marathonischen Tetrapolis in der Grotte an der NW.-Ecke des Akropolisfelsens, die Dioskuren ($\breve{A}\nu\alpha\varkappa\epsilon\varsigma$) aus Aphidnai nicht weit unterhalb dieser Grotte, die eleusinischen Göttinnen auf dem W.-Abhange der Akropolis usw. Der politische Mittelpunkt des geeinigten Staates, das **Prytaneion**, wurde am N.-Abhang der Akropolis angelegt, und in seiner Nähe war später auch der heilige Bezirk des Theseus.

Das **Verkehrszentrum der Stadt** verschob sich allmählich auf dem Wege, welcher den W.-Abhang der Akropolis herab und an der Quelle Kallirrhoe vorüber ging, in die Ebene zwischen Areopag und Marktkolonos, in das Gebiet des Demos Kerameikos.

Durch die **Abschaffung der Königswürde** in Athen verlor die Akropolis ihren Charakter als Herrschersitz, behielt aber den einer befestigten Oberstadt bei und wurde nun außerdem der Mittelpunkt des religiösen Lebens. An Stelle des

4

Königspalastes errichteten die Athener ihrer Stadtgöttin, der **Athena**, ein Heiligtum. Daneben befanden sich einige heilige Stätten, woran sich Erinnerungen an die Heroen der Vorzeit knüpften, so an den König Kekrops, dessen Grab man bei dem Haupttheiligtum der Athena zeigte, an Erechtheus und an Butes, den Stammvater des Butadengeschlechtes, deren Altäre ebenda, später im Erechtheion standen.

Der der Akropolis gegenüberliegende Hügel **Areopag** war dem Gotte Ares geweiht, dessen Heiligtum an der N.-Seite des Hügels gelegen haben muß. Zwischen Areopag und Pnyx, in der wasserreichen Senkung unterhalb der Kallirrhoe, hatte sich eine Sumpfgegend (Λίμναι) gebildet; hier ist das älteste Heiligtum des Dionysos zu suchen. τὸ ἐν Λίμναις Διονύσου (ἱερόν), der Bezirk des Dionysos Lenaios, auch Λήναιον genannt. In diesem heiligen Bezirk war die gemeinsame Kelter (ληνός), deren Reste hier auch gefunden wurden. Diesem Gotte galten die ersten dramatischen Aufführungen am Feste der Lenäen. Sie fanden in der Nähe (ἐπὶ Ληναίῳ) statt. Ein runder Tanzplatz, eine **Orchestra**, war wahrscheinlich etwas weiter unterhalb an der Agora zu diesem Zwecke eingerichtet und für die Zeit der Vorstellungen wurden Holzgerüste mit den Sitzen für die Zuschauer (ἴκρια) daneben gebaut.

III. **Athen vom Beginn des VI. Jahrhunderts bis 480.** Mit dem VI. Jahrhundert tritt die Baugeschichte Athens in das volle Licht der geschichtlichen Überlieferung. Die Stadt nahm einen großen Aufschwung unter der Tyrannis des Peisistratos, welcher viel zu ihrer Entwicklung und Verschönerung beitrug. Im einzelnen lassen sich folgende bauliche Unternehmungen auf ihn zurückführen:

1. Den **Tempel der Athena**, der schon früher inmitten des Akropolisplateaues errichtet worden war — er heißt im Gegensatz zum Parthenon „der alte Tempel", ὁ ἀρχαῖος νεώς, mit Bezug auf seine Länge von 100 att. Fuß auch das Hekatompedon; seine rückwärtige, nach W. sich öffnende Hälfte (ὀπισθόδομος) diente als Schatzhaus —, umgab Peisistratos mit einer Ringhalle von je 6 Säulen an den Schmalseiten, je 12 an den Langseiten, schmückte die Giebel dieser Säulenhalle mit neuen plastischen Gruppen und ließ das ganze Gebäude mit naxischen Marmorziegeln decken.

2. Südöstlich von der Akropolis beim Ilissus begann er einen kolossalen **Tempel des olympischen Zeus** zu erbauen, der freilich nachher jahrhundertelang unvollendet blieb, aber auch in unfertigem Zustand durch die Großartigkeit seiner Anlage Bewunderung erregte. Kaiser Hadrian hat erst den gewaltigen Bau aufführen lassen, dessen Ruinen wir noch haben.

3. In der Nähe des Olympieions (südwestlich davon) wurde ein heiliger Bezirk des **Apollon Pythios** angelegt mit einem Tempel. In diesem Bezirk wurde das Fest der Thargelien mit den Agonen lyrischer Chöre gefeiert.

4. Auch mit der Entwicklung der tragischen Agone an den Festen des Dionysos ist der Name des Peisistratos verknüpft. Von ihm wurde wahrscheinlich dem Dionysos Eleuthereus ein neuer Bezirk am SO.-Abhang der Akropolis geweiht und diesem Dionysos zu Ehren das Fest der großen, sogen. städtischen Dionysien (Διονύσια τὰ μεγάλα oder τὰ ἐν ἄστει) gestiftet. Der ältere (nördliche) der beiden in diesem Bezirk vorhandenen Tempel, ein kleiner Antentempel, dessen Fundamente noch zu sehen sind, stammt aus der Zeit des Peisistratos oder wenigstens sicher aus dem VI. Jahrhundert.

5. Einen besonderen Ehrgeiz setzten die Tyrannen des VI. Jahrhunderts darein, die Wasserversorgung ihrer Städte zu regeln. Die Wasserleitungen des Theagenes in Megara und des Polykrates in Samos beweisen dies. Auch Peisistratos führte durch eine **Wasserleitung**, die wahrscheinlich vom W.-Abhang des Hymettos herkam, unter dem südlichen Abhang der Akropolis in den Felsen gehauen, zwischen Akropolis und Pnyx gemauert war, reichliches Wasser bis zur Quelle Kallirrhoe. Ganz in deren Nähe wurde ein großes Bassin eingerichtet, dessen Fassade neun Öffnungen versehen war. Deshalb führte das Brunnenhaus den Namen Ἐννεάκρουνος, Neunröhrenbrunnen.

Da sich Athen unter der in vieler Beziehung segensreichen Tyrannenherrschaft zu einem ansehnlichen Zentrum der Gewerbe und des Handels zu entwickeln begann, wird auch die Bedeutung des Marktplatzes, der **Agora**, zugenommen haben und seiner Einrichtung und Ausschmückung von Peisistratos und seinen Nachkommen die nötige Aufmerksamkeit geschenkt worden sein. Überliefert ist uns nur, daß der gleichnamige Enkel des Peisistratos als Archon einen Altar der zwölf Götter auf der Agora weihte. Von diesem Altar als neuem Mittelpunkt der Stadt und des Landes aus wurden die Weglängen nach den verschiedenen Punkten Attikas gemessen.

Bald nach der Vertreibung der Tyrannen (510 v. Chr.) begründete **Kleisthenes** durch seine tiefgreifenden Reformen die Demokratie in Athen. Vor allem schuf er eine neue **Phylenordnung**. Das attische Landgebiet wurde in drei Bezirke zerlegt und jeder dieser Bezirke samt der Bevölkerung unter die zehn neuen Phylen aufgeteilt. Also hatte die einzelne Phyle in jedem Bezirk Attikas ein Stück, jede bestand aus drei sogen. Trittyen (Dritteln). Bei dieser Einteilung bildete die Stadt zusammen mit der Ebene des unteren Kephisos und der angrenzenden Küste den Stadtbezirk (τὰ περὶ τὸ ἄστυ). Eine einzige Phyle hatte ihr Drittel ganz innerhalb der Stadt: es war der Demos Kydathen, der III. Phyle Pandionis, der den ältesten Kern der Stadt, die Akropolis mit ihrem westlichen und südlichen Abhange, einnahm. Die Anteile (Trittyen) der übrigen Phylen gruppierten sich um diesen Kern in der Weise, daß sie meistens in Keilform sich noch ein Stück weit in die eigentliche Stadt herein erstreckten. Diese Trittyen bestanden entweder nur aus einer großen oder aus mehreren kleineren, beisammenliegenden Gemeinden (Demen). Zur II. Phyle Aigeïs gehörte der Demos Kollytos nördlich von der Akropolis, der östlich an ihn stoßende Demos Diomeia (daselbst auch die Gegend

Kynosarges mit einem Heraklesheiligtume) und noch weiter östlich, wahrscheinlich schon hinter dem Ilissos, Unter- und Ober-Ankyle, endlich im W. des Kollytos, wie die letztgenannten schon außerhalb der Stadt, der Kolonos Hippios, die berühmte Heimat des Sophokles. Westlich von Kydathen dehnte sich vom Marktkolonos über die Pnyx und den Hauptteil des Museion nebst seinem südwestlichen Abhang bis zum Ilissos der große Demos Melite der VII. Phyle Pandionis aus. Der VIII. Phyle Hippothontis gehörte der Demos Koile („Hohltal") in der Talsenkung im SW. zwischen Pnyx und Museion und der westlich daran grenzende Demos Keiriadai an, der V. Phyle Akamantis der Kerameikos, zwischen Kollytos einerseits und Melite andererseits. Es war der Demos, dessen südöstliches Ende am Fuße des Areopags und des Marktkolonos allmählich vom Markte eingenommen wurde (daher Κεραμεικός oft = ἀγορά). Er dehnte sich aber weit nach NW. aus und schloß noch den Hain des Heros Akademos und die Akademie, ein, die neben dem Kolonos Hippios lag. Der vorstädtische Teil des Demos hieß ὁ ἔξω (der Äußere), der städtische ὁ ἔνδον (der innere) Κεραμεικός. Zu den Vorstädten schon gehörten die Demen Butadai und Epikephisia der VI. Phyle Oineïs, welche westlich von der Stadt, südlich vom äußeren Kerameikos gelegen haben müssen. Im SO. stieß an das Gebiet der Stadt der Demos Skambonidai der IV. Phyle Leontis, wahrscheinlich schon an der linken Seite des Ilissos. Nordöstlich von ihm lag das Gebiet der I. Phyle Erechtheïs mit dem doppelten Demos Agryle (Unter- und Ober-A.) und seinem kleinen Demos Themakos. Zu Agryle gehörte der vorstädtische Ort Agrai mit dem Berge Ardettos und den Heiligtümern der Artemis Agrotera und der Demeter und Kore, denen hier die kleinen Mysterien gefeiert wurden. Noch weiter von der Stadt lagen die Gebiete der IX. Phyle Aiantis (der Hafenort Phaleron) und der X. Antiochis (der große Demos Alopeke im NO.).

Ein frischer Unternehmungsgeist beseelte die athenische Bürgerschaft, seit sie wieder frei geworden war und sich selbst regierte, und äußerte sich in verschiedenen baulichen Unternehmungen. Dazu gehört wahrscheinlich auch der Plan eines großen Tempelbaus an der Stelle, wo später der Parthenon stand. Dieser neue Athenatempel sollte eine sehr bedeutende Größe erhalten, denn er war bestimmt, den alten Athenatempel, den zuletzt die Tyrannen vergrößert hatten, weit in den Schatten zu stellen; seine Fundamente bilden ein Viereck von nahezu 77 × 32 m und stellen schon allein ein gewaltiges Werk dar, weil sie im S., wo der Fels steil abfällt, bis zu einer Tiefe von 10 m massiv aus Quadern gemauert werden mußten. Südlich vom Tempel schüttete man allmählich mit dem Emporwachsen der Fundamente eine Terrasse an, doch ist man weder damit fertig geworden noch mit dem Tempelbau selbst weiter als bis zur Legung der obersten Stufe gekommen. Die Vorkehrungen gegen die ersten Perserzüge scheinen den Bau unterbrochen zu haben. Nach der Schlacht bei Marathon nahm man ihn zwar wieder auf und beschloß jetzt die Säulen aus Marmor herzustellen, was vorher — nach dem Material der Stufen zu schließen — nicht beabsichtigt war. Es waren jedoch vermutlich erst je zwei Säulentrommeln gelegt und die Wände des Tempels bis zur gleichen Höhe aufgeführt, als die Perser wiederkamen (480) und nun der angefangene Tempel gleich den übrigen Heiligtümern der Zerstörung durch die Barbaren anheimfiel.

Die neue Demokratie erforderte auch Bauten für die verschiedenen Faktoren der Regierung. So stammt wahrscheinlich aus kleisthenischer Zeit der Bau für die Volksversammlungen an der Pnyx. Dort hat man mittels einer gewaltigen Stützmauer eine fast halbkreisförmige, gegen den Hügelabhang hin geneigte Terrasse geschaffen, einen Sitzraum nach Art der antiken Theater. Im Zentrum des Kreisbogens ist ein großer Steinwürfel aus dem Felsen gehauen — der Altar: die Plattform vor demselben, zu der Stufen hinaufführten, bildete den Standplatz des Redners, das βῆμα. Einige Staatsgebäude am Markte, wie das Rathaus (Buleuterion), der Tempel der Göttermutter (Metroon), der als Staatsarchiv diente, der Tempel des Apollon Patroos, die königliche Halle (στοὰ βασίλειος), in welcher von nun ab der Archon Basileus als Vorsitzender des Gerichtshofes für religiöse Angelegenheiten seines Amtes waltete, gehören vielleicht noch der solonischen Zeit an. Dagegen ist ein besonderes rundes Gebäude für die Prytanen, die Tholos neben dem Rathause, dem Zeit des Kleisthenes zuzuweisen. Dieses neue Prytaneion mit dem neuen Staatsherde hat das alte Prytaneion am N.-Abhang der Akropolis ersetzt. So hängt mit der neuen Phylenordnung zusammen. Deshalb standen auch neben der Tholos die Statuen von den Eponymen der 10 neuen Phylen. Der Tholos ungefähr gegenüber, an dem Wege, welcher vom Markte zur Akropolis führte, lag die oben schon erwähnte Orchestra und hier wurden Statuen der Tyrannenmörder aufgestellt, zuerst eine Gruppe von der Hand des Künstlers Antenor, später, als Xerxes diese entführt hatte, ein neues Werk der Bildhauer Kritios und Nesiotes.

IV. Athen von 480 bis auf Perikles. Nachdem die Athener beim Herannahen der Perser in heldenmütigen Entschlusse ihre Stadt verlassen hatten, wurde sie von Xerxes besetzt und die Tempel der Götter nebst vielen anderen Bauten in Brand gesteckt, auch die kyklopischen Festungsmauern unbrauchbar gemacht (480). Mardonios vollendete im folgenden Jahre die Zerstörung Athens. Nach dem Abzug der Perser mußte es die erste Sorge der Athener sein, die Stadt notdürftig wieder herzustellen. Die Akropolis suchte man von neuem verteidigungsfähig zu machen, indem man in N. eine neue Burgmauer baute, die etwas weiter nach außen vorgeschoben wurde. Viele Trümmer der zerstörten Bauten auf der Akropolis, Säulentrommeln, Kapitäle und Gebälkstücke vom alten Athenatempel, Stufen und Säulentrommeln vom angefangenen neuen, die meisten vom Feuer beschädigt, verwendete man als Baumaterial. Was man dazu nicht brauchen konnte, diente ebenso wie zerbrochene Statuen als Schutt zur Verbreiterung des

Akropolisplateaus. Dies ist der sogen. Perserschutt, der durch die reichen Funde an archaischen Skulpturen und Bangliedern berühmt geworden ist. Den alten Athenatempel stellte man provisorisch wieder her, aber ohne die ganz zerstörte Ringhalle. Der Bau sollte allerdings bei gelegener Zeit durch den großen neuen Tempel ersetzt werden, ist aber dann doch nicht abgebrochen worden, auch als der Parthenon vollendet war.

Auf Betreiben des Themistokles war alsbald auch die Befestigung der Unterstadt durch eine Mauer in Angriff genommen und in größter Eile durchgeführt worden. Der Charakter des Mauerwerks bezeugte nach Thukydides (I 93, 2) die Hast, mit welcher der Bau gefördert wurde, eine Angabe, die man an dem erhaltenen Stück der Mauer beim Dipylon bestätigt fand. Die Mauer war 60 Stadien (ca. 11 km) lang. Von ihren Toren ist uns das für den Verkehr wichtigste, das Dipylon (Doppeltor) im NW., in seinen Fundamenten noch gut erhalten, allerdings in dem Zustand, wie es im IV. Jahrhundert erneuert wurde. Verschiedene wichtige Straßen kamen beim Dipylon zusammen, so wo der gerade Weg zur Agora führte. Genau auf das Tor gerichtet war der Weg von der Akademie her durch den äußeren Kerameikos. An ihm lagen zu beiden Seiten Grabdenkmäler der im Kampfe Gefallenen (Leichenrede des Perikles Thuc. II 35—46) oder mit dem Begräbnisse auf Staatskosten Geehrten. Mit diesem Wege vereinigte sich der vom Kolonos Hippios herkommende sowie auch Abzweigungen der eleusinischen (ἱερὰ ὁδός) und der Peiraieus-Straße. Da vom Dipylon aus auf der breiten Straße (δρόμος) zum Markte die feierlichen Prozessionen in die Stadt zu ziehen pflegten, befand sich gleich innerhalb des Tores rechts das sogen. πομπεῖον, ein Gebäude zur Aufbewahrung der Geräte, die man für die religiösen Aufzüge brauchte.

Für die heilige Straße nach Eleusis war etwas südwestlich vom Dipylon noch ein eigenes Tor in der Mauer, die ἱερὰ πύλη. Neben ihr verließ der später überwölbte Bach Eridanos die Stadt. Südwestlich vom Heiligen Tore muß das Piräische gelegen haben, welches die große Straße vom Peiraieus aufnahm. Weiterhin ist das Melitische Tor im südwestlichen Teil der Mauer, gegen den Demos Koile zu, das Itonische, durch welches der Weg nach Phaleron ging, im S., das Diomeische im Demos Diomeia im O., vielleicht an der Stelle des späteren Hadrianstores, das Diocharestor weiter nördlich in der Richtung gegen das Lykeion anzusetzen. Im N. der Stadt ist bekannt die Stelle des Acharnischen Tores, durch das der Weg nach dem nördlichen Teile von Attika, nach dem Dorfe Acharnai und dem Paß von Phyle, sowie ins obere Kephisostal führte.

Derselbe Themistokles, der die Athener veranlaßte ihre Stadt zu ummauern, hatte auch längst die Wichtigkeit des Peiraieus für die Behauptung ihrer maritimen Stellung erkannt. Die Arbeiten an dem neuen Hafen hatten schon im Jahre seines Archontats, 493, begonnen und wurden nach Vollendung der Stadtmauer mit großem Eifer wieder aufgenommen. Die drei Buchten der Peiraieushalbinsel, der große, schöne Κανθάρου λιμήν im W. und die kleinen Häfen Zea und Munichia im O., wurden in die Befestigung einbezogen. Eine Festungsmauer in außerordentlich solidem Quaderbau umgab die Hafenstadt an der See- wie an der Landseite. Allerdings wurde sie nur halb so hoch als Themistokles sie geplant hatte.

In der Zeit nach der Verbannung des Themistokles (471), als Kimon an der Spitze des Staates stand, wurde die Befestigung Athens durch ein weiteres Werk, die südliche Akropolismauer, ergänzt, welche in geraden langen Linien, aus regelmäßigen Quadern erbaut und außen mit einigen Strebepfeilern versehen, hoch über dem steilen Felsabhang aufstieg. Daneben wurde auch der Verschönerung der Stadt erhöhte Aufmerksamkeit zugewendet. Die neue südliche Burgmauer sollte zugleich als eine kolossale Stützmauer für die Terrasse südlich vom neuen Athenatempel dienen, deren Aufschüttung man jetzt über die Höhe der alten kyklopischen Burgmauer hinaus fortsetzte. Dagegen wurde der Bau des neuen großen Tempels selbst noch nicht weiter gefördert. Eine bronzene Kolossalstatue (ohne Postament etwa 9 m) der Stadtbeschützerin Athena (Πρόμαχος) wurde als Weihgeschenk aus dem Zehnten der marathonischen Beute auf der Akropolis aufgestellt. Ihr Standplatz ist zwischen den Propyläen und dem Erechtheion noch zu erkennen. Im nördlichen Teile der Agora wurden auf beiden Seiten Säulenhallen erbaut, an der Westseite südlich von der Königshalle (στοὰ βασίλειος) die Halle Zeus' des Befreiers (στοὰ Διὸς Ἐλευθερίου oder Σωτῆρος) zur Erinnerung an den glücklichen Ausgang der Perserkriege, ihr gegenüber die στοὰ Πεισιανάκτειος, benannt nach dem Erbauer Peisianax, dem Schwager Kimons, später aber wegen ihrer berühmten Gemälde mit seinen Namen Bunte Halle (στοὰ ποικίλη) bekannt. Eine vierte Halle an der Agora, die Hermenhalle (Ἑρμῶν στοά, vielleicht identisch mit der μακρὰ στοά) bestand ebenfalls schon zu Kimons Zeit.

V. Athen im Zeitalter des Perikles. Eine Bautätigkeit ohne gleichen erlebte Athen bekanntlich in der Ära des Perikles.

1. Eine weitere große Befestigungsanlage, zu der noch Kimon vor seiner Verbannung den Grund gelegt hatte, die langen Mauern (τὰ μακρὰ τείχη), wurde in den Jahren nach dessen Sturz ausgeführt. Sie sollte die Verbindung Athens mit seinen Häfen sichern. Die eine Mauer, τὸ Φαληρικὸν τεῖχος, ging von der südöstlichen Ecke der Stadtmauer zum östlichen Ende der Küste von Phaleron, die andere (τὸ βόρειον τεῖχος) von der SW.-Ecke der Stadt zu den Mauern des Peiraiens.

2. In den Jahren 447—434 wurde der längst geplante Tempel der Athena auf der Burg nach einem veränderten Grundriß (kürzer und breiter) von den Architekten Iktinos und Kallikrates unter der Oberleitung des Pheidias in glänzendster Weise, im reifsten dorischen Stil aufgeführt. Nach seiner jungfräulichen Göttin (Ἀθηνᾶ Παρθένος), deren Goldelfenbeinbild von der Hand des Pheidias

seine Cella schmückte, erhielt er späterhin den Namen Parthenon.

3. Neben dem Baue des Parthenon gingen die Arbeiten an der prächtigeren Ausgestaltung des Akropolisaufgangs einher. Zuerst war hier auf der 8.60 m hohen Bastion rechts vom Eingang das Heiligtum der Athena Nike oder der sogen. Νίκη Ἄπτερος (der ungeflügelten Siegesgöttin) erneuert worden, und zwar als ein reizendes Tempelchen im ionischen Stil.

4. Östlich vom Niketempel, am oberen Rande des westlichen Akropolisabhanges, wurde durch den Architekten Mnesikles der prachtvolle Marmorbau der Propyläen errichtet. Sie traten an die Stelle eines älteren Baues, der etwa nach der Marathonschlacht begonnen worden war. Diese älteren Propyläen, von denen geringe Reste neben den späteren erhalten sind, nennt man gewöhnlich die kimonischen, weil man sie früher in die Zeit des Kimon setzte. Die neuen Propyläen waren nicht nur etwas anders orientiert, sondern auch viel großartiger angelegt und nahmen die ganze W.-Seite der Akropolis ein. Im Jahre 437 begann der Bau, im Jahre 432 beim Beginn des peloponnesischen Krieges wurde er eingestellt, ohne daß das Werk ganz vollendet war. Zudem hatte Mnesikles nur einen Teil seines ursprünglichen Planes zur Ausführung bringen können. Während des Baues zwang ihn, wie es scheint, ein unbesiegbarer Widerstand von seiten der konservativen Partei und der Priesterschaft, auf eine Ausgestaltung der Flügelbauten zu verzichten, welche in die südlich benachbarten heiligen Bezirke der Nike und der Artemis Brauronia eingegriffen hätte.

5. Der letzte große Prachtbau, den die perikleische Epoche auf der Akropolis in Angriff nahm, war das Erechtheion. Der Bau muß während des peloponnesischen Krieges längere Zeit geruht haben, erst im Jahre 409/8 v. Chr. wurde er wieder aufgenommen und in den folgenden Jahren vollendet. Das Erechtheion sollte ein Heiligtum für den gemeinsamen Kult des Erechtheus-Poseidon und der Stadtschützerin Athena (Athena Polias) werden, somit zugleich das alte „Haus des Erechtheus" ersetzen und den alten Athenatempel, der nach den Perserkriegen notdürftig wiederhergestellt worden war und immer noch das älteste, hölzerne Kultbild der Athena barg. Verschiedene uralte Kultmale, die Dreizackspuren des Poseidon, die von ihm aus dem Felsen geschlagene Salzwasserquelle, der von Athena erschaffene erste Ölbaum, das Grab des Kekrops sollten in die neue Anlage einbezogen werden. Aber auch dieser Bau konnte nicht nach seinem ursprünglichen Plane ausgeführt werden. Aus ähnlichen Gründen, wie wir sie bei den Propyläen angedeutet haben, mußte auf den Ausbau seiner westlichen Hälfte verzichtet werden, das Heiligtum der Pandrosos mit dem heiligen Ölbaum blieb außerhalb des Tempels und der Opisthodom, welcher als Schatzhaus hätte dienen sollen und den „alten" Athenatempel ganz entbehrlich gemacht hätte, unausgeführt. Deshalb ist das Erechtheion ein unsymmetrischer Bau. Kompliziert durch die Anlage auf zwei verschiedenen Bodenflächen, bildet es mit seinen drei Vorhallen, der Osthalle, der Nordhalle mit ihrer berühmten Türe und der Südhalle mit ihren herrlichen Koren, das merkwürdigste Beispiel, zugleich aber durch den Reichtum und die Eleganz seiner Formen das Meisterstück des ionischen Tempelbaus.

6. Dem Stil und der Arbeit nach zu urteilen, muß auch das sogen. Theseion der nächsten Zeit nach dem Parthenonbau angehören. Dieser besterhaltene griechische Tempel, in dorischem Stil erbaut, erhebt sich auf einer Anhöhe westlich vom Markte und ist, da wir keine genügenden literarischen Anhaltspunkte für seine Benennung haben, außer dem Theseus schon den verschiedensten Gottheiten zugesprochen worden, insbesondere auch dem Apollon Patroos. Es ist aber jetzt kaum mehr zu bezweifeln, daß er dem Hephaistos und der Athena, die als Athena Hephaistia im athenischen Kult eng mit dem Gott des Schmiedehandwerks verbunden ist, geweiht war.

7. Ein perikleischer Bau, dessen Lage wir kennen, von dem aber keine Reste nachweisbar sind, ist das Odeion, das Gebäude für die rein musikalischen Aufführungen. Es wurde (schon vor dem Jahre 446) am SO.-Fuß der Akropolis, östlich neben dem Dionysostheater, errichtet und war ein gedeckter Rundbau, wie es heißt, eine Nachahmung des persischen Königszeltes.

8. Die öffentliche Bautätigkeit in dieser Blütezeit athenischer Macht und Kunst hat sich keineswegs auf die vorgenannten Unternehmungen beschränkt. Gleichzeitig entstanden großartige Marmortempel an anderen Punkten Attikas (Eleusis, Rhamnus, Sunion) und die Hafenstadt Peiraieus wurde von dem Architekten Hippodamos nach einem einheitlichen Plan ausgebaut und mit geräumigen Hallen für die Bedürfnisse des großen Handelsverkehrs ausgestattet. Die zwei kleineren Häfen Munichia und Zea und ein Teil des großen Hafens wurden für die Kriegsflotte reserviert und darin 372 steinerne Schiffshäuser erbaut, in denen die Schiffskörper, wenn man sie an Land zog, aufbewahrt wurden. Einige Reste dieser Schiffshäuser sind aufgefunden. Innerhalb der einzelnen Abteilungen, die je eine größere Anzahl von Schiffen faßten, waren die Lagerplätze der einzelnen Schiffe durch Säulenstellungen abgesondert.

VI. Athen vom peloponnesischen Krieg bis zur makedonischen Epoche. Trotz der riesigen Anforderungen, welche der peloponnesische Krieg Jahrzehnte hindurch an die Finanzkraft des athenischen Staates stellte, wurde doch die Bautätigkeit in der Stadt wenigstens in ruhigeren Jahren immer wieder aufgenommen. Die Vollendung des Erechtheions fällt, wie wir gesehen haben, in die Zeit des Krieges. Im Jahre 420, nach dem Nikiasfrieden, wurde dem aus Epidauros eingeführten neuen Heilgott Asklepios nebst Hygieia ein Heiligtum auf der Terrasse am S.-Abhang der Burg errichtet. Etwa in derselben Zeit mag der jüngere Tempel des Dionysos Eleuthereus in seinem Bezirk am SO.-Fuß der Akropolis gebaut worden sein, wofür Alkamenes das Bild des Gottes aus Gold und Elfenbein fertigte.

Der Friedensschluß des Jahres 404 brachte den

Athenern den Verlust ihrer Befestigungswerke, doch wurden nach den Erfolgen des korinthischen Krieges durch Konon die Mauern Athens, die langen Mauern, welche die Stadt mit dem Hafen verbanden, und die gleichfalls zum Teil zerstörten Mauern des Peiraieus wieder hergestellt. Konon errichtete auch den Tempel der knidischen Aphrodite beim Hafen im Peiraieus.

Seit dem Jahre 377 stand Athen wieder an der Spitze eines Seebundes, es hatte wieder eine große Flotte zu unterhalten, weshalb auch die Schiffshäuser erneuert wurden. Eine Reihe großer Inschriften lehrt uns das Inventar der Bewaffnungsstücke für die Schiffe kennen, und wir erfahren daraus, daß das Gerät der 100 besten Schiffe in der Chalkotheke auf der Akropolis aufbewahrt wurde, einer Waffenkammer, die wahrscheinlich die Fundamente westlich vom Parthenon angehören.

Eine regere Bautätigkeit entwickelte sich aber erst, als unter der langjährigen Finanzverwaltung des Lykurgos (341—329), eines Gesinnungsgenossen des Demosthenes, die Finanzen Athens eine wesentliche Besserung erfuhren. Der Periode Lykurgs gehören an

1. die Vollendung eines mächtigen Arsenals (Skeuotheke) für Schiffsgeräte am Zeahafen;

2. ein großer Umbau im Dionysostheater, wo der jetzt noch erhaltene steinerne Zuschauerraum hergestellt, die dazugehörige Orchestra, etwas weiter nördlich und etwas kleiner als die frühere, angelegt und an ihrem südlichen Rande das Bühnenhaus (Skene) wahrscheinlich zum erstenmal in Stein aufgeführt wurde;

3. die Errichtung des Stadions am linken Ufer des Ilissos für den Wettlauf und andere Agone der großen Panathenäen;

4. die Erweiterung und Verschönerung des Gymnasions im Lykeion, dem heiligen Bezirk des Apollon Lykeios östlich von der Stadt.

Zeugnisse für die große Bedeutung, welche im damaligen Athen die musischen Festspiele hatten, sind die choregischen Denkmäler, die zum Teil sehr prächtig gestalteten Unterbauten für die ehernen Dreifüße, welche als Siegespreis im Wettgesang der Knaben- und Männerchöre gegeben, von den siegreichen Choregen dem Gotte des Festes geweiht und öffentlich aufgestellt wurden. Sie füllten allmählich den heiligen Bezirk des Dionysos Eleuthereus und den Platz um das Theater und standen längs der östlichen Zufahrtsstraße zu diesem in solcher Anzahl, daß sie ihr den Namen „Tripodenstraße" eintrugen. Das berühmteste dieser choregischen Denkmäler ist das des Lysikrates aus dem Jahre 335,4, ein zierlicher Rundbau, das älteste Beispiel des korinthischen Stils in Athen darstellt.

VII. Makedonisches Zeitalter. Nach der Schlacht bei Chaironeia (338) war die politische Rolle Athens ausgespielt und es konnte von nun an seine Selbständigkeit nur durch die Gunst der sich untereinander befehdenden hellenistischen Machthaber erhalten. Und es fehlte nicht an Zeichen des Wohlwollens von Seite der makedonischen, ägyptischen, syrischen und pergamenischen Könige, welche gern dem alten Ruhm und der geistigen Bedeutung Athens ihren Tribut zollten. Die auswärtigen Herrscher wetteiferten förmlich darin, ihren Philhellenismus durch großartige Bauten und Stiftungen in Athen zu verewigen.

1. In den siebziger Jahren des III. Jahrhunderts ließ Ptolemaios II. Philadelphos den Athenern inmitten der alten Stadt ein geräumiges steinernes Gymnasion mit einer Bibliothek erbauen. Nach den Angaben des Pausanias muß es irgendwo nördlich vom Areopag gelegen haben. Dieser Zeit der engeren Beziehungen zu Ägypten wird auch der Tempel des ägyptischen Gottes Serapis beim alterwürdigen Prytaneion angehören.

2. Die Freundschaft mit Ptolemaios verwickelte Athen freilich in einen unglücklichen Krieg mit Makedonien. Die Stadt erhielt, wie schon wiederholt, eine makedonische Besatzung und verlor im Jahre 256,5 endgültig die langen Mauern. Im Jahre 229 gewannen die Athener ihre Freiheit wieder durch den Abzug der makedonischen Besatzung. Dem makedonischen Befehlshaber Diogenes, dem sie diese Wendung zu verdanken hatten, ehrten sie geradezu als Gott und nannten auch nach ihm ein zweites, jetzt gebautes Gymnasion Diogeneion. Wir kennen nur seine ungefähre Lage (nördlich von der Akropolis) durch viele Inschriften des athenischen Jünglingskorps der Epheben und Büsten ihrer Vorsteher und Erzieher, die dort gefunden wurden.

3. Erhalten ist dagegen am S.-Fuß der Akropolis der Rohbau der mächtigen, 163 m langen Halle, die Eumenes II. von Pergamon (reg. 197—159) errichten ließ. In unmittelbarer Nachbarschaft des Dionysostheaters, sollte sie dessen Besuchern schattige Wandelgänge und Schutz gegen ein etwa plötzlich ausbrechendes Unwetter bieten.

4. Ungefähr zur selben Zeit hat König Antiochos IV. Epiphanes von Syrien (reg. 175—164) den Bau des jahrhundertelang, seit dem Tyrannen Peisistratos, unvollendet gebliebenen Tempels des Zeus Olympios im SO. der Stadt wieder aufgenommen. Der Tod des Königs ließ das großartig geplante Werk auch diesmal nicht zur Vollendung gelangen.

5. Der Bruder und Nachfolger des Königs Eumenes von Pergamon, Attalos II., baute den Athenern wieder eine großartige Halle, und zwar eine für den Warenverkauf bestimmte. Diese „Attalosstoa", ein zweistöckiger Bau, in der Längenausdehnung von N. nach S. 113 m messend, bezeichnet den O.-Rand des damaligen Marktes und ist in sehr bedeutenden Resten erhalten.

6. Noch ein nützliches Gebäude erhielt Athen von einem ausländer zum Geschenk, nämlich den sogen. Turm der Winde, ein Horologion (Uhr- und Wetterhäuschen), das der Syrier Andronikos von Kyrrhos wahrscheinlich im 1. Jahrhundert v. Chr. nördlich von der Akropolis errichten ließ. Der achteckige Bau, mit Reliefbildern der acht Hauptwinde geschmückt, ist äußerlich gut erhalten.

VIII. Römische Zeit. Inzwischen war Griechenland längst in den Gesichtskreis der römischen Politik eingetreten und unter Roms Oberherrschaft gekommen.

Auch als eine Stadt des römischen Weltreichs aber behielt Athen eine sehr bevorzugte Stellung. Die römische Jugend strömte hierher, um sich in den Philosophenschulen zu bilden, die Machthaber ließen sich gern in der Mutterstadt der Künste und Wissenschaften feiern und geizten nicht mit Geschenken an sie.

Aus Spenden des C. Iulius Caesar und des Octavianus Augustus wurde, wie uns die Inschrift sagt, das noch jetzt erhaltene Marmortor errichtet, das der Athena Archegetis (Stadtgründerin) geweiht war. Es bildete den westlichen Zugang zu einem Marktraum, einem gepflasterten und rings von Säulenhallen umzogenen Platz, der westlich vom Turm der Winde, etwas tiefer als dieser, liegt und als der „römische Markt" oder auch der „Ölmarkt" bezeichnet wird. Das Gebäude für die Marktpolizei (das Agoranomion) glaubt man in einem Bau zu erkennen, von dessen Westfront noch drei Bögen hinter dem Turm der Winde aufrecht stehen.

Dem Augustus zu Ehren erhielt auf der Akropolis der römische Staatskult und der Kaiserkult eine Stätte. Vor dem O.-Eingang des Parthenon wurde der kleine Rundtempel der Roma und des Augustus errichtet. Außer Augustus wurde noch sein Feldherr und Schwiegersohn M. Vipsanius Agrippa als Wohltäter geehrt. Man setzte ihm auf einem turmartigen, fast 9 m hohen Postament links vor dem Eingang zu den Propyläen ein Erzbild, das ihn auf dem Triumphwagen darstellte. Das Postament ist noch erhalten.

Eine völlige Umgestaltung des Akropolisaufgangs fällt vielleicht auch in die Zeit des Augustus. Es wurde statt des Felsenweges, der im Zickzack vom uralten pelasgischen Tor zu den Propyläen hinaufführte, eine gerade, breite Freitreppe angelegt; in der Mitte derselben lief ein Rillenweg für die Opfertiere und Lasttiere hinauf (für Wagen war er nicht passierbar und schwerlich auch für Reiter). Die Treppe war beiderseits von Mauern begleitet und der untere Zugang von zwei niedrigen Türmen flankiert.

Eine letzte Glanzperiode erlebte Athen im II. Jahrhundert n. Chr. Sie knüpft sich vor allem an den Namen Hadrians. Noch vor dessen Regierungsantritt entstand indes ein Denkmal, dessen Reste bis heute erhalten und weithin sichtbar sind. Es war ein großartiges Grabmonument des C. Iulius Antiochos Philopappos, eines Enkels des Königs von Kommagene aus dem Geschlecht der Seleukiden. 114—116 n. Chr. wurde es auf einem der höchsten Punkte im Stadtgebiet, dem Gipfel des Museionhügels, errichtet.

Hadrian (reg. 117—138 n. Chr.), der für den ganzen hellenischen Osten des Reiches sehr viel getan und in den verschiedensten Städten eine staunenerregende Bautätigkeit ins Leben gerufen hat, betrachtete es insbesondere als seine Aufgabe den alten Glanz Athens wieder zu beleben. Er besuchte Athen auf seinen beiden Reisen durch den Orient und verweilte auf der zweiten mehrere Monate dort.

1. Inmitten der alten Stadt errichtete er ein großartiges Gebäude, dessen Reste noch jetzt nördlich vom römischen Markte vorhanden sind. Es war eine Bibliothek, wird aber gewöhnlich als das Gymnasium des Hadrian bezeichnet.

2. Er vollendete den Tempel des Zeus Olympios im SO. der Stadt, einen der riesenhaftesten antiken Tempel, an dem schon Peisistratos und Antiochos IV. gebaut hatten.

3. Der Tempelbezirk wurde zum Mittelpunkt eines ganz neuen Stadtteiles, einer neuen Hadrianupolis, die sich im O. und SO., außerhalb der themistokleischen Mauer, an die Altstadt anschloß. Ein Bogentor aus Marmor, das noch erhaltene Hadrianstor, wurde dicht neben dem Tempelbezirk als Eingang zu der neuen Stadt errichtet, wahrscheinlich im Zuge der alten Stadtmauer und an Stelle eines alten Tores. Es war auch durch Versinschriften, welche auf seinen beiden Fassaden stehen, als Grenze zwischen der Altstadt und der Hadrianischen Stadt bezeichnet.

4. In dem neuen Stadtteil entstanden stattliche Villen und Bäder nach römischer Art. Für das Wasserbedürfnis dieses Viertels sorgte Hadrian durch Anlegung einer Wasserleitung (vollendet unter seinem Nachfolger Antoninus Pius), welche Wasser vom Parnes und Pentelikon mittels eines Kanals im Felsen einem Bassin am Südfuß des Lykabettos zuführte. Man hat die Wasserleitung in unserer Zeit wieder benutzbar gemacht.

Das Beispiel Hadrians, des freigebigen Gönners und Bauherrn, fand Nachahmer. Besonders verwendete Tib. Claudius Herodes Atticus, ein Athener aus alter Familie, römischer Bürger und Senator, seinen fürstlichen Reichtum zu gemeinnützigen Bauten an verschiedenen Orten und vor allem zur Verschönerung seiner Vaterstadt.

1. Im panathenäischen Stadion ließ er alle Sitzreihen und Schranken in pentelischem Marmor ausführen.

2. Auf der Höhe nordöstlich über dem Stadion errichtete er einen Tempel der Tyche, der Glücksgöttin, welcher er und seine Familie ihren Reichtum verdankten.

3. Auf der gegenüberliegenden Höhe, dem Ardettos, baute er sich ein prachtvolles Grabmal, unter dem er später auch beigesetzt wurde.

4. Zum Andenken an seine im Jahre 160 n. Chr. verstorbene Gattin Regilla ließ er am SW.-Fuß der Akropolis ein Theater erbauen, welches nach römischer Art bedeckt war und deshalb als Odeion bezeichnet wurde. Es hatte auch eine Bühne nach römischem System. Die Wände des Bühnenhauses stehen, ihrer Marmorverkleidung beraubt, noch aufrecht. Der Bau dieses Odeions hat das Aussehen des Akropolisabhangs nicht unwesentlich verändert. Die Mauer des alten Pelargikon wurde wahrscheinlich hier niedergerissen, auch das choregische Denkmal des Nikias an der NO.-Ecke des Odeions beseitigt und seine Bauglieder in das sogen. Beulésche Tor zwischen den zwei niedrigen Türmen am Eingang zur Akropolistreppe verbaut.

Die Errichtung des Odeions ist die letzte Großtat, von der die Baugeschichte Athens zu berichten hat. Seit dem Ende des II. Jahrhunderts n. Chr. sank die Stadt allmählich, aber unaufhaltsam ihrem Verfalle entgegen.

R. L. und E. B.

Das alte Rom.

Tafel XVa und XVb.

I. Königszeit und Republik (Taf. XVa). Die Stadt Rom ist auf dem linken Ufer des mächtigsten unter den mittelitalischen Flüssen, des Tiber, etwa 25 km vor seiner Einmündung ins Meer entstanden. Sie liegt in einer vulkanischen Ebene, die aus weichem Tuffe besteht, durch Wasserläufe stark zerschnitten ist. Für das ganze vulkanische Tuffland, das Etrurien und Latium heißt und sich gegen Süden terrassenförmig abdacht, sind Bildungen wie Rom gerade charakteristisch: eine Hügelgruppe, gebildet durch tief einschneidende Wasserläufe, die die einzelnen Erhebungen voneinander trennen. Solcher Hügel umfaßt das alte Rom nach gewöhnlicher Zählung sieben; begrenzt sind sie westlich durch den Tiber und den campus Martius, nördlich durch einen Bach — Petronia amnis —, südlich durch den Bach Almo. Östlich ist das Hügelsystem mit der latinischen Ebene verbunden. Innerhalb dieser Grenzen haben wir drei isolierte Berge dicht am Ufer des Tiber: mons Aventinus (46 m), Palatium (51 m) und mons Tarpeius mit zwei Kuppen: Capitolium (46 m) und Arx (50 m). Der letztgenannte Berg kann als Ausläufer des collis Quirinalis gelten. Dieser selbst (64—47 m) bildet mit dem außerhalb der Stadt liegenden collis hortorum, dem collis Viminalis (56 m), den Esquiliae mit den zwei Höhen Oppius (55 m) und Cispius (53 m) und dem mons Caelius eine Reihe gegen den Tiber vorspringender Landzungen, die alle an ihrer Wurzel zusammenhängen. Diesem Hügelsystem gegenüber erheben sich auf dem rechten, etruskischen Tiberufer die zusammenhängenden Hügel montes Vaticani und Ianiculum als Vorposten der römischen Macht gegen Etrurien.

Der festeste unter den römischen Hügeln ist das Palatium; seine Hügelränder fallen alle steil ab, im SW., NW. und N. ist er durch zwei Bäche und ebenso viele sumpfige Täler (später Forum und Circus maximus) begrenzt, der einzige ziemlich bequeme Zugang liegt auf der Nordseite gegen die Esquiliae zu. Für Ansiedlung bietet der Hügel große Bequemlichkeiten: leicht zu befestigen (Reste einer Mauer sind noch erhalten), enthält er auf seinem Plateau hinreichende Wohnfläche, leider aber hat er keine Quellen; die ältesten Ansiedler mußten deshalb Wasser in Zisternen sammeln (eine ist neuerdings auf der Südseite unter den ältesten Befestigungen entdeckt worden). Hier auf dem Palatium läßt die römische Tradition die älteste Ansiedlung entstehen, die immer als Kern der späteren Stadt gegolten hat. Gleichzeitig aber existierten daneben andere Gemeinden, von denen wenigstens zwei sicher überliefert sind: die sabinische Gemeinde auf dem Quirinal und die wohl latinische auf den Esquiliae, deren Nekropole in unserer Zeit entdeckt worden ist und die vielleicht bis zum Forumstal reichte. Neben diesen Gemeinden entstehen allmählich Siedelungen in den Tälern (pagi — pagani neben montes — montani). Die palatinische Stadt hatte für diese Ausbreitung nur einen bequemen Weg: durch die niedrige Velia gegen die Esquiliae zu. Dies erklärt, warum die beiden Gemeinden sich bald vereinigten und die Stadt der ältesten sieben Hügel, das Septimontium, bildeten. Diese ältesten Hügel sind: Palatium und Cermalus, die Velia, der pagus Sucusanus oder Suburanus am Fuße der Esquiliae und die drei esquilinischen Höhen: Fagutal, Cispius und Oppius. Die vereinigten latinischen Gemeinden stoßen mit der sabinischen auf dem Quirinal zusammen; nach manchen Kämpfen vereinigen sich beide und bilden die Gemeinde der vier Regionen: Palatina, Suburana, Esquilina und Collina. Der Gegensatz des sabinischen und latinischen Teiles drückt sich in der Bezeichnung der ersteren als collini, der zweiten als montani aus. Das Zentrum der neuen Stadt bildet jetzt die Niederung zwischen Esquiliae, Quirinal und Palatin, nunmehr der gemeinsame Markt — das Forum. Einen gemeinsamen Vorposten gegen den übermächtigen transtiberinischen Feind, die Etrusker, schafft sich die neue latinisch-sabinische Gemeinde in dem mons Tarpeius mit den beiden Kuppen, die gegen den Tiber schräg abfallen. Eine Linie, die neben den Befestigungen der neuen Vierregionenstadt läuft, bildete bis auf das I. Jahrh. v. Chr. die sakralen Grenzen der Stadt Rom, das Pomerium.

Eine Epoche in der weiteren Geschichte der Stadt bildet die Zeit, wo etruskische Könige in Rom herrschten. Diesen Königen (dem Servius und den Tarquiniern) verdankt Rom der von den Alten allgemein angenommenen Tradition gemäß (neuere Gelehrte nehmen eine viel spätere Entstehung an) die großartige Befestigung, die ein viel größeres Gebiet als das Pomerium umfaßte. Zu den vier Regionen treten noch der mons Aventinus, der ganze Caelius und der mons Tarpeius hinzu, so daß der eingeschlossene Raum jetzt 4 × 2 km mißt (Fläche 426 ha). Die Befestigung besteht teils in Abschleifung und Verstärkung der Hügelränder und Errichtung einer Brustwehr oberhalb derselben, teils auf den exponierten Strecken — zwischen Quirinal und Esquilin (1300 m Länge) und am Tiber (200 m) — in dem Aufbau einer großartigen Schutzwehr, eines Walls und einer Mauer zusammen. Für jede wichtigere Straße, die aus Rom in die benachbarten Gemeinden führte, wurden feste Tore erbaut. Unter dem Schutze der neuen Befestigung wird Rom aus einem latinisch-sabinischen Dorfe eine wirkliche Stadt nach etruskischem Muster. Die runden latinischen Lehmhütten und die leichten Bretterbuden, die runden Tempel aus Lehm und Holz, die Altäre unter freiem Himmel werden allmählich durch Tuffbauten von quadratischer Form mit einem bedeckten Hofe (Atrium) in der Mitte, durch breite Tempel mit Holzsäulen und Terrakottaskulpturen ersetzt. Das Gebiet der Stadt wird mehr und mehr entwaldet und entwässert, die Bäche kanalisiert und reguliert.

Die neuentstandene römische Republik bekommt eine große, stark befestigte Stadt als Erbe von den römischen Königen. Zum etruskischen Einfluß gesellt sich der griechische, besonders im Tempelbau; als Vorkämpfer der griechischen Art und Weise erscheinen die Führer der Plebs, die neugeschaffenen Tribunen und Ädilen. Im Jahre 390 wird das Neue wie das Alte wenigstens teilweise durch den großen Gallierbrand vernichtet.

Nur weniges ist uns aus der Zeit vor dem Galliereinfall in Beschreibungen oder in Ruinen erhalten. Die meisten öffentlichen Gebäude, hauptsächlich Tempel, konzentrierten sich auf dem neuen Markte und auf der Burg. Uralte Heiligtümer weist auch der Ochsenmarkt (forum boarium), der Markt der palatinischen Stadt am Fuße des Palatium beim Tiber, auf. Desgleichen bewahren Reminiszenzen an älteste Tempel die Wohnflächen des Palatium und des Quirinal. Auf der Akropolis der latinisch-sabinischen Stadt errichteten die etruskischen Könige nach etruskischem Muster den Haupttempel Roms, die Stätte der Verehrung der latinisch-etruskischen Trias Iuppiter, Iuno, Minerva — das Capitolium. Ein Gegencapitolium existierte auf dem sabinischen Quirinal. In den etwas höher liegenden Teilen des Forumstales, dessen Boden lange Zeit sumpfig war, gruppierten sich uralte Heiligtümer. Am Fuße der Arx das Vulcanal, ein offener Altar, dem alten Feuergotte heilig, daneben auf der Grenze des Marktes und des politischen Zentrums der Gemeinde, wo das Volk die Befehle und Meldungen der Könige und ältesten Magistrate entgegennahm, des Comitiums, stehen noch heute uralte offene Heiligtümer mit Altären sub divo, Symbolen der Gottheit und einer aufgezeichneten lex sacra. Im II.–I. Jahrh. v. Chr. galt der Ort als Grabstätte des ersten Königs Romulus, unter Augustus wurden die Heiligtümer zugeschüttet und das Grab als solches durch einen schwarzen Stein bezeichnet. Auf dem Comitium selbst errichtete der Legende nach König Hostilius das Versammlungslokal der patres, die Curia. Daneben entstanden später mehrere Gebäude für Zwecke des politischen Lebens. Das berühmteste ist die Rednerbühne, später durch erbeutete Schiffsschnäbel geschmückt, daher rostra. Nicht weit davon, vielleicht an der Stelle eines Tores der alten Stadt des Septimontium, stand ein Tempel des Torbeschützers Ianus. Wie das für den Durchgang der Truppen geöffnete Stadttor bedeutete die offene Tür des Heiligtums den Kriegszustand. An der Grenze des Marktes am Fuße des Palatins verehrte man die wichtigsten Elemente, die das gesellige Leben möglich machen, das Feuer — Göttin Vesta — in einer runden Hütte ältester Art und das Wasser bei einer heilbringenden Quelle, wo die altlatinische Gottheit Iuturna hauste. Ein Tempelchen bekam diese alte Göttin erst später.

Neben dem Stadtfeuer haust das Stadthaupt, der König, im Königshause — der Regia, wo man den Kriegsgott und dessen Symbole, Schilde und Lanzen, verehrte. Später war hier die Amtswohnung des Leiters des religiösen Lebens Roms, des pontifex maximus. Dicht neben hier wurden zwei anscheinend fremde Götter, Castor und Pollux, seit dem Siege über die letzten Könige verehrt. Am Fuße des Kapitols, das auch „der saturnische Hügel" genannt wurde, gegen das Forum boarium zu, lag die area Saturni mit einem Altar; später (497 v. Chr.) erbaute man hier einen Tempel, in dessen Keller Staatsgelder aufbewahrt wurden. Auf dem Forum boarium, dem belebtesten Handelsviertel Roms, verehrte man den alten Handels- und Gewinngott Hercules neben andern uralten Gottheiten. Oben auf dem Aventin fand die römische Plebs einen festen Platz; am Fuße des Hügels beim Circus maximus errichtete sie (493 v. Chr.) ihren Tempel, den Tempel der plebeischen Trias — Ceres, Liber, Libera. Oben auf dem Berge stand der Tempel der latinischen Bundesgöttin Diana. Zwischen Aventin und Palatin gab die entwässerte Niederung einen breiten und flachen Platz für sakrale Wettrennen (circus maximus). Als Sitzplätze wurden wohl die abfallenden Hügelränder vom Volke benutzt. Feste Sitzplätze kamen erst spät hinzu.

Dies sind die wichtigsten alten Kult- und Profangebäude, von denen uns die Überlieferung Kunde gibt; über vieles schweigt sie, da sie meistens nur das kennt, was feste Wurzeln schlug und bis in die spätere Zeit auf derselben Stelle fort existierte, indem jedes einzelne Gebäude je nach dem Geschmack und den Forderungen der Zeit um- und öfters ganz neu gebaut wurde.

Seit dem Gallierbrande entwickelte sich Rom als Staat immer mächtiger. Zuerst Mittelpunkt des latinischen Bundes, nach den samnitischen, gallischen und dem griechischen Kriege Haupstadt der italischen Halbinsel, wurde es nach den punischen und orientalischen Kämpfen eine Weltstadt. Viel Gold floß in die Staatskasse im Saturntempel, nicht weniger sammelten römische Händler, Pächter und Magistrate. Die Bürgerzahl wuchs, noch stärker wuchs die Zahl der Sklaven und Fremden. Der Umfang der Stadt blieb aber derselbe, vor den Mauern siedelte man sich nur ungern an. Deshalb wurde es bald eng in der Stadt, und es wurde überall eifrig gebaut, viel mehr für Privat- als für Staatszwecke. Neue Tempel werden fast ausschließlich fremden Göttern außerhalb der Tore errichtet (Tempel der Bellona 495 v. Chr., des Apollo 431, des Äskulap auf der Tiberinsel 291 v. Chr.). Dagegen entsteht ein Privathaus nach dem andern, zusammenhängend Reihen mit gemeinsamen Wänden drängen sich an den Straßen (vici) und steilen Treppenwegen (semitae, clivi), die Häuser werden immer höher, die Straßen und Plätze immer enger und schmutziger. Mietkasernen sind die meisten Privatgebäude, nur wenige Paläste auf dem Palatin und anderswo bieten luftige und grüne Oasen. Für das allgemeine Wohl wird wenig gesorgt. Brücken gibt es wenige (bis zum Jahre 142 nur hölzerne, und zwar lange

Zeit nur eine einzige, den pons Sublicius, im Jahre 142 wird der steinerne pons Aemilius erbaut, 110 der pons Milvius, 62 die Inselbrücke pons Fabricius), auch Wasserleitungen und Kloaken entsprechen kaum den Bedürfnissen der riesigen Einwohnerzahl. Die erste Wasserleitung wird während der samnitischen Kriege angelegt (312, aqua Appia), die zweite (Anio vetus) 272—261, eine dritte erst 144 (aqua Marcia) und eine vierte 125 (aqua Tepula). Der Markt bleibt schmutzig, außer den Tempeln füllt er sich mit hölzernen Buden, wo allerlei Handel getrieben wird, und erst seit dem II. Jahrh. v. Chr. trägt man Sorge dafür, daß wenigstens die Gerichte dem Getümmel entrückt werden, indem man dafür besondere Hallen — Basiliken — erbaut (Porcia 184 v. Chr., Fulvia 179, Aemilia 169). Allmählich entfernt man auch die schmutzigeren Buden; so erbaut man ziemlich früh für die Fleischer ein eigenes Schlachthaus, das Macellum.

Für die Toten errichten reichere Leute schöne Denkmäler außerhalb der Mauer längs der Hauptwege, die unbemittelte Plebs wird im esquilinischen Friedhof rasch und ohne Sorgfalt begraben.

II. Kaiserzeit (Taf. XVb und Forum und Palatin auf Taf. XVa). Die ersten Vorläufer der kommenden Monarchie bringen eine ganz andere Behandlung der Stadt mit sich. Rom beginnt an Pracht und Bequemlichkeit mit den großen hellenistischen Weltzentren zu wetteifern. Die Stadt muß Kapitale des Weltreiches und zugleich die alleinige Residenz werden. Dafür braucht sie vor allem Raum. Sulla zuerst schiebt die Grenzen des Pomerium weit hinaus; nach ihm wird das Pomerium noch mehrmals erweitert; seine größte Ausdehnung erreicht es unter Vespasian. Pompejus und Cäsar ziehen die schöne Fläche des Marsfeldes erfolgreich in den Bereich ihrer Bauten; vorangegangen ist ihnen seit dem Jahre 220 Flaminius mit der Schaffung der wichtigen Verkehrsader der via Flaminia und des großen circus Flaminius. Pompejus baut hier (55 v. Chr.) das erste steinerne Theater mit schöner Portikus, Cäsar das Versammlungslokal für Volkskomitien, die Saepta Iulia. Gleichzeitig entsteht der Plan, das alte Forum durch Schaffung neuer Prachtplätze und die Vereinigung derselben mit dem Marsfelde zu entlasten. Mit Aufwand von kolossalen Mitteln erbaut Cäsar dicht bei dem alten Forum sein neues mit dem Tempel der Venus Genetrix als Mittelpunkt. Auch faßt er den Plan, eine prachtvolle neue Kurie zu errichten und die alten rostra auf das Forum zu verlegen. Seitdem verliert das Comitium, die Stätte alter Freiheit, fast jede Bedeutung. Was Cäsar gewollt, aber nur teilweise ausgeführt, das hat der Begründer des römischen Prinzipats, Augustus, vollendet. In seiner Bautätigkeit verfolgt er ganz bestimmte Ziele. Außer der Schaffung einer Haupt- und Residenzstadt nach hellenistischen Muster gedenkt er erstens alte republikanische Erinnerungen durch neue Pracht zu verdrängen, überall seinen oder seiner Verwandten und Freunde Namen für die Namen der republikanischen Helden einzusetzen, zweitens durch Errichtung neuer und Ausbesserung alter Tempel den alten vorrepublikanischen Glauben, den Glauben der Könige, aufzufrischen, drittens in diesen alten Glauben neue Bestandteile einzuführen: den hellenistischen Herrscherkultus mit der altrömischen Religion zu vermischen. Aus diesen Zeitgedanken erklärt sich die ganze Bautätigkeit des Augustus. Durch die beiden großen Basiliken auf dem Forum — die basilica Iulia, im Namen seiner Enkel und designierten Nachfolger Caius und Lucius erbaut, und die basilica Aemilia — verdrängt er die alten republikanischen Basiliken; vom alten Forum wird das Leben in neue Prachtplätze, wie das neue Forum Augusti mit dem Tempel des Mars Ultor, die porticus Octaviae auf dem Marsfelde und die Bauten Agrippas ebendaselbst, abgeleitet; auf dem alten Forum selbst bekommt alles ein kaiserliches Gepräge: die alte curia, neu erbaut, heißt jetzt Iulia, neue rostra werden aufgeführt, kaiserliche Triumphbogen und Statuen schmücken den Platz, selbst die Orientierung des Forums wird mit den neuen Bauten in Einklang gebracht. Als Erneuerer der alten Religion restauriert Augustus eine Menge verfallener Tempel; manche werden von Grund aus neu gebaut; die neu errichteten verfolgen meistens monarchische und dynastische Zwecke: so soll der Mars Ultor als Rächer des Todes Cäsars einen Tempel bekommen, Cäsar selbst wird als Gott in einem Tempel auf dem alten Forum verehrt, Apollo als Beschützer des Kaisers in der Schlacht bei Actium nimmt den besten Platz auf dem Palatin ein, dem Genius des Princeps werden Kapellen an Straßenecken erbaut, der Friede, den Augustus für Rom gestiftet hat, erhält einen herrlichen Altar auf dem Marsfelde, die ara Pacis, bis auf unsere Zeit in schönen Fragmenten erhalten.

Als Residenz bekommt Rom einen ständigen Palast, wo der Kaiser als solcher wohnt. Dieser Palast nistet sich zuerst in die Paläste römischer Großen auf dem Palatium ein. Es ist kein Zufall, daß diese älteste Stätte des königlichen Rom als Residenz gewählt wird und daß die nächsten Nachbarn des Kaisers die romulischen Reliquien — casa Romuli, tugurium Faustuli, auguraculum — sind. Allmählich wächst der kaiserliche Palast und bald bedeckt er die ganze Fläche des Palatins mit verschiedenen kaiserlichen Bauten: der Palast des Augustus wird umgebaut, an ihn reihen sich Paläste des Tiberius, des Caligula, der Flavier an; die Südostecke wird durch Hadrian und Septimius Severus bebaut; der letztere schafft sogar an dieser Seite eine schöne Front für den ganzen Palast — das Palatium —, das dreistöckige prachtvolle Septizonium. Eine große Fläche nimmt auch ein schöner Garten, die Adonaea, ein. Neben Kaiserbauten duldet man nur Tempel (Victoriae am clivus Victoriae, Magnae Matris an der Westseite des Hügels und Iovis Victoris dicht daneben), Privatbauten müssen alle dem übermächtigen Nachbar weichen.

Als Welthauptstadt endlich wird Rom vor allem erweitert. Die lästigen Schranken der längst verfallenen Serviusmauer werden definitiv beseitigt, die Stadt wird als offene, nicht befestigte anerkannt; die einzigen Grenzen für die im I. Jahrh. n. Chr. 1—1½ Mill. starke Bevölkerung bilden jetzt nur der sakrale Bannkreis, das Pomerium (weiteste Ausdehnung 11 km, Fläche 600 ha) und die neue Zollgrenze (weiteste Ausdehnung unter Vespasian 19,5 km, Fläche 2000 ha). In den Bereich der neuen Stadt, die in vierzehn Quartiere (regiones) eingeteilt wird, zieht man den collis hortorum (R. VI), den campus Martius und Flaminius (R. IX), die Niederung auf dem rechten Ufer des Tibers (R. XIV, Transtiberim), die Vorstadt vor der porta Capena (R. I). Die Esquiliae mit ihrem schauderhaften Friedhof werden durch Mäcenas in einen schönen Garten verwandelt, der campus Martius wird von Augustus selbst und Agrippa durch monumentale Bauten zu einem prachtvollen Platze umgebildet. Außer der schon erwähnten porticus Octaviae und ara Pacis entstehen hier neben dem circus Flaminius und dem theatrum Pompei zwei neue Theater, das des Marcellus, des frühverstorbenen Neffen und designierten Nachfolgers des Augustus, und das des Balbus. Bei der via Flaminia erhebt sich, halb Tempel, halb Grabstätte des Augustus, das Mausoleum, vor dessen Türen eine lange, selbstverfaßte Inschrift uns über die Tätigkeit des Kaisers belehrt. In der Mitte der Region baut Agrippa seine großartigen Thermen, die später so vielfach, fast von jedem Kaiser, nachgeahmt wurden, und daneben den Tempel aller Götter, das Pantheon, wo in der Vorhalle die Statue des Augustus stand; in der neuen Gestalt, die Kaiser Hadrian dem Baue gegeben hat, steht der Tempel noch jetzt. Für seine Thermen schuf Agrippa eine neue Wasserleitung, für den Verkehr des campus Martius mit der vierzehnten Region eine neue Brücke, pons Agrippae (später durch den pons Aurelius ersetzt).

Vieles hat Augustus für die Stadt getan, trotzdem aber blieben die Bedingungen des Lebens fast unverändert: die Straßen eng, die Häuser hoch, schlecht gebaut und ungesund. Um hierin etwas zu ändern, brauchte man entweder riesige Mittel oder eine Katastrophe. Eine solche trat unter Nero ein; es war der bekannte Brand vom Jahre 64 n. Chr. Dieser Brand, der fast die ganze Stadt vernichtete, kam allerdings zunächst der Stadt wenig zu gute. Ein beträchtlicher Teil der Brandstätte (vom Palatin bis zu den Grenzen des Esquilins) wurde für das neue kaiserliche Haus, die domus aurea, verwendet. Die domus aurea sollte eine großartige Villenanlage etwa in der Art der Hadrianischen Villa bei Tivoli werden. Der Fall des Kaisers verhinderte die Ausführung dieses Beginnens. Die Flavier — Vespasian, Titus und Domitian — verwendeten die vorbereiteten Flächen, die begonnenen Gebäude und das angehäufte Material für gemeinnützige Bauten: auf der Fläche der domus aurea entstanden ein neues Forum mit einem Tempel des Friedens, großartige Thermen und eines der größten Schaugebäude aller Zeiten, das Amphitheatrum Flavium, für Tierhetzen und Gladiatorenkämpfe bestimmt. Das mehrstöckige, elliptische Gebäude, das noch jetzt als mächtigste Ruine Roms steht, faßte wenigstens 50—60 000 Zuschauer, stand also nur dem Circus maximus, wo Wettrennen stattfanden, mit seinen etwa 150 000 Zuschauerplätzen nach.

Den Flaviern hauptsächlich verdankt Rom auch beträchtliche Besserungen in den Wohnungsverhältnissen. Die Straßen der wiederauflebenden verbrannten Stadtteile werden besser reguliert, mit Portiken geschmückt und vor ungesetzlichen Anbauten polizeilich geschützt.

Nach den Flaviern bestand also der Stadtteil um das Forum aus lauter monumentalen Bauten: Kapitol, Palatium, das Forum selbst, die zusammenhängende Reihe der kaiserlichen Fora, die Titusthermen, das Colosseum (so nannte man später das Flavische Amphitheater) reihten sich als ein Prachtbau an den andern. Daneben bildete, wie schon erwähnt, ein neues, noch schöneres Stadtviertel der campus Martius. An einer Verbindung fehlte es aber bis ins II. Jahrh. Erst Kaiser Trajan stellte diese Verbindung her durch völlige Abtragung des Hügelrückens, welcher Kapitol und Quirinal verband, und durch die Erbauung eines weiteren Forums auf der so gewonnenen Baufläche, des größten und wohl des prächtigsten von allen. Das Forum Traiani, das noch jetzt in großartigen Trümmern neben den Resten des Forum Augusti aus der Erde ragt, beherbergte einen Tempel des Kaisers Nerva, eine Prachtsäule mit schöner, in Marmorreliefs ausgeführter Bildchronik der dacischen Kriege Trajans, eine Basilika samt Bibliothek und manche sonstige Gebäude. Zwei andere Lücken in den Monumentalbauten der inneren Stadt füllten die Kaiser Nerva und Hadrian; der erstere, indem er das von Domitian begonnene Forum transitorium oder Minerva an der Stelle der belebten Straße Argiletum vollendete; der letztere, indem er beim Colosseum neben dem von Titus zum Andenken an den jüdischen Krieg errichteten Bogen einen schönen Doppeltempel der Venus und der Stadtgöttin Roma mit herrlicher Portikus errichtete. Derselbe Kaiser erbaut für sich und seine Dynastie ein großartiges Mausoleum auf dem rechten Tiberufer, das den Kern des jetzigen Castel S. Angelo bildet; eine schöne Brücke (p. Aelius) verband das Mausoleum mit der Stadt. Nach Hadrian veränderte sich Rom wenig mehr. Die späteren Kaiser (besonders die Dynastie des Severus, Maxentius und Konstantin) errichteten zwar neue Brücken, Triumphbögen, Basiliken (Maxentius und Konstantin am Forum), Thermen, Prachtsäulen (die Säule des M. Aurelius auf der jetzigen piazza Colonna), aber ihre Tätigkeit veränderte nur wenig das Aussehen der Stadt. Für die spätere Zeit, die Zeit des beginnenden Verfalls, sind besonders Thermenbauten charakteristisch. Die Bevölkerung Roms schrumpft zusammen, von der früheren Übervölkerung ist keine Rede mehr, Bauplätze hat man soviel man will. Und diese Plätze werden durch kolossale Thermen gefüllt. In diesen Bauten fand der Römer außer Badeanstalten und schönen Bassins frischen Wassers allerlei Bequemlichkeiten: Übungsplätze, Lesesäle, Konversationszimmer usw. In diesen Luxusbauten konnte man seine häßliche Mansarde vergessen und fühlte sich den kaiserlichen Stiftern —

Caracalla, Alexander Severus, Diokletian, Konstantin, die sich an Agrippa, Nero, Titus, Trajan reihen — zu besonderem Danke verpflichtet.

In diesen späteren Zeiten sind auch die großartigen Privathäuser bemerkenswert. Neben den an der Peripherie der Stadt liegenden horti (Gärten), die fast alle jetzt den Kaisern gehören, entstehen in der Stadt selbst Bauten wie die domus Lateranorum und ähnliche, die kolossale Wohnflächen einnehmen.

Der definitive Verfall beginnt aber erst, seitdem Rom wieder vor nordischen Einfällen sich zu schützen hat und wieder eine befestigte Stadt wird: die Mauer der Kaiser Aurelian und Probus (271 n. Chr. begonnen), die die Stadt der vierzehn Regionen umfaßt, bezeichnet eine neue Epoche in der Baugeschichte Roms: man beginnt seitdem Neues fast nur aus den Trümmern des Alten zu schaffen. Die Bauten Konstantins (z. B. der Triumphbogen mit geborgten Reliefs) bilden dafür ein redendes Beispiel. Dies Bausystem, das bis in die späte Renaissance dauerte, hat mehr als Barbareneinfälle und Plünderungen das alte Rom endgültig vernichtet.

M. R.

Die Gewandung der alten Griechen und Römer.
Tafel XVI—XX.

Griechische Gewandung. Auf Taf. XVI sind in der oberen Reihe drei weibliche Figuren im Peplos (πέπλος) dargestellt. Dieser war das einfachste und ursprünglichste Kleidungsstück der griechischen Frauen, nichts anderes als ein großes, rechteckiges, aus Wolle gewebtes Tuch, dessen Länge etwa soviel betragen mußte, wie der Abstand der beiden Handwurzeln bei horizontal ausgestreckten Armen doppelt gerechnet, während seine Höhe etwa anderthalbmal die Höhe der menschlichen Gestalt betragen mußte. Von dieser Höhe wurde dann ein Drittel etwa nach einer Seite gleichmäßig übergeschlagen — man nannte diesen Überschlag das ἀπόπτυγμα —, dann wurde das Ganze seiner Länge nach einmal zusammengelegt, und zwar so, daß das Apoptygma außen blieb. Zwischen die demnach entstehenden Teile ließ man nun die Gestalt so treten, daß sich der geschlossene Teil an ihrer Linken, der offene an ihrer Rechten befand, und so, daß die senkrechte Mittelachse des Körpers mit denen der beiden Teile zusammenfiel. Dann ergriff man am oberen Rande vorn und hinten je zwei Punkte, vom Mittelpunkt etwa soweit entfernt, wie die Schultern, und heftete die Punkte am hinteren Rande mittels einer Nadel, Fibel oder eines Knopfes auf die entsprechenden Punkte am vorderen Rande. An der linken Körperseite hatte sich oben eine längliche Öffnung gebildet, durch die der Arm gesteckt wurde; an der rechten Körperseite war das Gewand vollständig offen. So und ungegürtet trugen den Peplos die spartanischen Mädchen noch in später Zeit und deshalb nannte man diese Art speziell die ἐσθής Δωρίς (Fig. 1). Schon mittels der Gürtung — man konnte den Gürtel über und unter dem Apoptygma tragen — wurde ein allzu starkes Sichtbarwerden der Figur gehindert; doch schloß man jene Öffnung in Korinth und Athen auch bis zur Hüfthöhe (Fig. 3) oder endlich bis unter die Achsel (Fig. 2) durch Naht. Gewöhnlich waren nur die Ränder verziert; in älterer Zeit aber trug man auch Peploi, die mit vielen und mannigfachen Streifen von Ornamenten oder figürlichen Darstellungen durchwebt waren (daher π. ποικίλος; Fig. 2).

Ein anderes Untergewand war der leinene Chiton (χιτών), von dessen verschiedenen Formen die Figuren in der unteren Reihe der Tafel eine Vorstellung geben. Die eine Form war die eines langen, ärmellosen Hemdes (Fig. 4 u. 5), die andere (Fig. 6) die eines weiten Sackes, dessen Seiten in ungegürtetem Zustand und wenn die Gestalt die Arme horizontal ausstreckte, senkrecht von den Unterarmen bis zur Erde hingen; für die Arme waren seitlich weite Öffnungen gelassen, eine andere oben für den Kopf; rechts und links von ihr schloß man den auf den Armen liegenden Teil entweder durch Naht oder durch kleine Knöpfe. Dies war der Chiton, der zur Zeit der Perserkriege und des Perikles Mode war; je nach seiner Länge wurde er einmal oder zweimal gegürtet (Fig. 6). Um das Herabgleiten von den Schultern zu verhindern, legte man Bänder um Schultern und Achseln (s. auf der nächsten Tafel Fig. 4). Fig. 4 auf Taf. XVI zeigt dann eine Mode der Zeit Alexanders d. Gr.; die Frau hat außer dem Chiton, der auf den Schultern durch ein breites Band gehalten wird, ein leichtes schalartiges Mäntelchen, eine χλανίς, umgenommen.

Die erste Figur auf Taf. XVII trägt den Peplos über dem Chiton, auch eine Mode aus dem Zeitalter des Perikles; eine ähnliche Tracht, aber mit merkwürdig zierlichen Falten überladen, zeigt die zweite Figur der gleichen Tafel; diese Tracht wurde aus dem kleinasiatischen Ionien nach Hellas eingeführt — daher ἐσθής Ἰάς — und ist für die Kultur zur Zeit der Peisistratiden charakteristisch. Die nächste Figur, ein Mädchen, hat den Chiton hochgeschürzt und ist beschäftigt, einen Mantel, der in der Art, wie er gedoppelt wurde, dem Peplos sehr verwandt war, die Chlaina, auf der rechten Schulter zu knüpfen. Sonst trugen die Frauen als Mantel das Himation (bei Homer auch φᾶρος genannt), ein großes, rechteckiges Stück Zeug, das sie in der mannigfaltigsten Art zu drapieren wußten (Fig. 4 u. 6). Einen Mann in Gewändern, die wir z. T. nur bei Frauen gewöhnt sind, stellt die 5. Figur dar; es ist ein Kitharöde, der über einem Chiton mit langen Röhrenärmeln — χειριδωτός χ. — den Chiton der 6. Figur auf Taf. XVI und darüber eine reichgestickte Chlaina trägt.

Doch das war besondere Festtracht. Die im täglichen Leben üblichen Gewänder der Männer vergegenwärtigt Taf. XVIII. Da sehen wir oben in der Mitte den Priester im langen Leinenchiton, einer aus alten Zeiten in diesem Stande beibehaltenen Tracht; links neben ihm steht der Jüngling im kürzeren, doppelt gegürteten Chiton und rechts der Handwerker in der Exomis, die auch ἑτερομάσχαλος genannt wurde, weil sie nur eine Schulter bedeckte (im Gegensatz dazu χ. ἀμφιμάσχαλος). In der unteren Reihe sind drei Manteltrachten dargestellt; links wieder die Chlaina, das derbe, gedoppelte Tuch, wie es der Wanderer, der Soldat im Felde oder auch der kynische Philosoph trug; in der Mitte der vornehme Mann mit dem großen, normalen Himation, das alle Griechen umnahmen, wenn sie sich innerhalb der Stadt auf der Straße bewegten; rechts ein junger Mann mit der halbkreisförmig geschnittenen Chlamys, dem leicht beweglichen Mantel der Reiter und Jäger.

Noch sind die verschiedenen Arten der Fußbekleidungen, sowie Haartrachten und Kopfbedeckungen zu beachten. Außer den Sandalen, wie wir sie an verschiedenen Figuren der Tafeln sehen, niedrigen und hohen, hat es auch vollkommen geschlossene Schuhe und Stiefel gegeben. Von den Haartrachten der Frauen geben die Figuren einige Proben; sehr beliebt war es, das Haar mit einigen Bändern zu umziehen, und zur Zeit des Perikles benutzte man auch Hauben (Taf. XVI 5) oder haubenartige Tücher (ebenda 6), mit denen man die Haare ganz oder zum Teil umhüllte. Ging die Frau auf die Straße, so mußte sie ihr Haupt bedecken, wozu ihr das Himation (Taf. XVII 6) oder der rückwärtige Teil des Apoptygma am Peplos dienen konnte; in älterer Zeit trugen die Frauen ein besonderes Schleiertuch, κρήδεμνον (Taf. XVI 2). Aber auch Hüte haben die antiken Frauen getragen, allerdings nur eine Form; sie waren rund, pilzartig, mit einer hohen Spitze in der Mitte. Eine ähnliche Form, aber ohne Spitze, wurde auch von Männern getragen; gebräuchlicher indes war bei diesen der thessalische Petasos (Taf. XVIII 6) mit erhobenem Kopfteil, viereitigem Rand — zwei Ecken abgerundet — und Sturmband. Eine hohe Kappe, den Pilos, trugen Handwerker (Taf. XVIII 3) und Fischer. All diese Kopfbedeckungen waren aus Filz.

Was die griechische Tracht auszeichnet, ist die denkbar größte Einfachheit ihrer Mittel, mit denen es aber dem individuellen Geschmack möglich war, immer neue und charakteristische Wirkungen zu erzielen. Dabei haben nur zwei Rücksichten eine bestimmende Rolle: die eine, den Körper zu bedecken und zu erwärmen; die andere, den Körper nirgends zu beeinträchtigen. Nehmen wir jene Figur aus der Peisistratiden-Zeit aus (Taf. XVII 2), die aber nicht ursprünglich griechische und nur vorübergehend übernommene Mode repräsentiert, so finden wir kein Kleidungsstück, das für sich allein als künstliches Machwerk die Aufmerksamkeit auf sich zöge. Äußert sich darin der Charakterzug vornehmer Einfachheit, so kommt in jener individuellen Wandelbarkeit der Tracht die dem griechischen Wesen tief eingewurzelte Abneigung gegen alles Schablonenhafte, alles Uniforme zum Ausdruck.

Römische Gewandung. Das Untergewand der römischen Männer, die Tunica, hat sich nicht von dem kurzen Chiton der Griechen unterschieden. Man trug sie immer so, daß der Oberarm bedeckt war, im Hause ungegürtet, gegürtet mit Kolpos auf der Straße. Ihre Farbe war weiß; die der Senatoren und Ritter wurden mit je zwei senkrechten, eingewebten Purpurstreifen verziert, rechts und links von Brust und Nacken, die der Senatoren mit breiten (clavus latus; tunica laticlavia), die der Ritter mit schmalen (cl. angustus; t. angusticlavia); s. Taf. XIX 1, 2; XX 3, 4); der Triumphator trug eine goldgestickte Tunica (t. palmata; Taf. XIX 3). Erst unter dem Kaiser Commodus wurden Untergewänder mit langen röhrenförmigen Ärmeln Mode (tunicae manicatae; Taf. XIX 5). Die Handwerker trugen, wie in Griechenland, eine Exomis.

Von der Art, wie die Toga, der offizielle römische Mantel, getragen wurde, geben die drei oberen Figuren auf Taf. XIX und die dritte auf Taf. XX eine Vorstellung. Die Toga war ein Stück Zeug in Form eines Kreissegments, dessen grade Basis etwa 5,60—5,70 m. lang war, und dessen Bogen sich bis zur Höhe von 2—2,25 m. wölbte. In der republikanischen Zeit trug man die Toga nun so, wie es die erste Figur zeigt, d. h. man ließ das eine Ende, die gerade Seite nach der Mitte des Körpers gerichtet, von der linken Schulter bis auf die Füße fallen; der Bogenrand wurde von dem linken Arme aufgenommen, so daß nur die Hand frei blieb. Dann legte man das übrige schräg über den Rücken von der linken Schulter zur rechten Achsel, zog es unter dieser durch, führte es wiederum schräg über die Brust bis zur linken Schulter und warf das Ende über die Schulter zurück, so daß es im Rücken bis auf die Fersen herabhing, dem vorderen Ende entsprechend; dabei wurde der obere Rand so weit aufgerollt, daß der untere nicht zu lang auf die Füße herabreichte; auch konnte man die rechte Schulter und den rechten Arm verhüllen, wie es für die Redner im Beginn ihrer Reden Brauch war. Gegen Ende der Republik wurde der Umwurf Mode, den uns die zweite Figur zeigt: man ließ das vordere Ende zunächst soweit herabhängen, daß es auf den Boden aufstieß; dann schlug man an dem ganzen

Teil, der den Nacken, die rechte und die Vorderseite umhüllte, oben etwa ein Drittel nach außen um, nahm aber den Rand wieder auf und legte ihn auf die rechte Schulter; dann zog man den vorderen Zipfel etwas über den von der rechten Seite zur linken Schulter führenden Rand, so daß er hier einen kleinen, überhängenden Bausch bildete und unten nur eben auf die Fußspitzen aufstieß. Diesen Bausch nannte man umbo oder nodus, den Rand darunter balteus, und unter diesem wieder das überhängende Drittel den sinus. Unter den Kaisern wurden umbo und sinus immer größer, wie an der dritten Figur und dem Augur auf Taf. XX; dieser zeigt uns zudem, wie man bei gottesdienstlichen Handlungen den Rand des übergeschlagenen Teiles über den Kopf zog. Der Verlauf der Togaränder ist besonders deutlich bei der t. praetexta, in der die Knaben bis zum 16. Jahre und dann wieder bestimmte hochgestellte Personen gingen: bei ihr wurde längs des geraden Randes der sonst weißen Toga ein Purpurstreifen eingewebt (Taf. XX 3). Sonst gingen Erwachsene in der vollkommen weißen Toga (t. candida); nur wer trauerte, trug eine dunkle (t. pulla), während der Triumphator eine purpurne, goldgestickte, die t. picta, anlegte. In besonderer Weise trägt der Flamen auf Taf. XX seinen Mantel (laena genannt; im Schnitt mit der Toga übereinstimmend); der eine Zipfel hängt vorne wie bei der Toga herab, dann aber ist das Ganze um Nacken, rechte Schulter und Brust gelegt, vor sich der Rand oben bogenförmig senkt; das zweite Ende ist, wieder wie bei der Toga, über die linke Schulter zurückgeworfen; dann ist der untere Rand beiderseits soweit aufgeschlagen, daß die Hände sichtbar werden; bis darauf, daß die rechte Hand unten sichtbar wird, entspricht diese Art im Grunde ganz der ältesten republikanischen Mode.

Den Schnitt eines anderen Oberkleides vergegenwärtigen uns die 4. und 6. Figur auf Taf. XIX; beide tragen die paenula, einen Radmantel mit Kapuze; er wurde auf der Reise und von Soldaten getragen (Fig. 4 ein Wanderer, 6 ein Lictor). Allmählich verdrängte er wegen seiner größeren Bequemlichkeit und Verwendbarkeit die Toga, die aber nie aufhörte, zur offiziellen Hof- und Beamtentracht zu gehören.

An den Togati unserer Tafeln sehen wir auch die offizielle römische Fußbekleidung, den calceus: sein Hauptbestandteil war ein Stiefel aus weichem Leder, der bis etwas über den Knöchel reichte und seitlich geschlitzt war; an dem die Ferse bedeckenden Teil waren oben zwei lange Riemen angesetzt; ebenso an der Sohle rechts und links in der Mitte; diese letztgenannten Riemen wurden nun über dem Fußrücken gekreuzt und dann, ebenso wie die erstgenannten, dicht um Fußgelenk und Unterschenkel etwa bis zur Wade gewunden; beide Paare wurden vorne verknotet, das eine dicht über dem Fußrücken, das andere oben; die Enden ließ man lang herabhängen, und zwar wurden die oberen meist durch eine der unteren Windungen durchgezogen. Die Farbe war ursprünglich rot, was später nur für den calceus des Triumphators üblich blieb; sonst waren die Stiefel später dunkelbraun oder schwarz. Eine andere Stiefelform, die unserem Schnürstiefel entspricht, sehen wir an der 4. und 6. Figur der Taf. XIX und der 6. auf Taf. XX. Der Wagenlenker auf Taf. XIX trägt reichlich mit Riemen versehene Sandalen, wie sie die Soldaten trugen, die Sohlen mit Nägeln beschlagen. An ihm ist noch das Riemengeflecht zu beachten, das den Leib fest und eng umschnürt; es ist nicht, wie man früher dachte, von den Zügeln gebildet, die bei der Fahrt nur einfach um den Leib gelegt wurden; dieses Geflecht sollte vielmehr bei den gewaltigen Anstrengungen, Schwankungen und gelegentlichen Stürzen Halt geben und Schutz gewähren; zu letzterem dienten auch die Schutzdecken vor den Beinen; mit dem Messer, das rechts im Geflecht steckt, konnte der Kutscher, wenn er stürzte und geschleift wurde, die Zügel durchschneiden; auf dem Kopfe trägt er die charakteristische Kappe mit einer Feder.

Eine andere merkwürdige Kopfbedeckung trägt der Flamen auf Taf. XX, den albogalerus. Er war eine fest dem Kopf anliegende Kappe von weißem Leder mit Ausschnitten für die Ohren; mittels zweier Riemen wurde er unter dem Kinn festgeschnallt; auf dem Wirbel war eine runde Scheibe und darauf eine hohe Spitze aus Olivenholz befestigt, diese mit einem weißen Wollenfaden umwickelt, der oben in einen Büschel endigte. Auch diese Kopfbedeckung wie die Togatracht des Flamen war ein Rest uralter Festtracht der Bürger. In der Hand trägt er einen Stab, die commetacula, mit der er bei Prozessionen die Leute von sich abwehrte. Er war Priester des Juppiter; der Augur ist an dem Krummstab, dem lituus, kenntlich. Als Diener beim Opfer fungierten die camilli (Fig. 4); sie tragen auf der linken Schulter einen Streifen von weißem Schafvließ, die mappa; der hier dargestellte trägt an den Füßen leichte Sandalen, soleae. Die Tötung des Opfertieres besorgten die popae und victimarii (Fig. 6); sie waren mit einem Schurz umgürtet; an dem breiten Gürtel hing ein Besteck mit verschiedenen Messern.

Die römischen Frauen gingen nicht anders als die griechischen Frauen des hellenistischen Zeitalters. Gewöhnlich trugen sie zwei tunicae übereinander, die t. subucula oder interula und die stola; meistens hatten diese unten einen breiten Streifen, die instita (Fig. 2 auf Taf. XX). Der Mantel, der rechteckig geschnitten wurde, hieß palla. An den Füßen trugen sie Sandalen oder weiche Lederschuhe. In alter Zeit, wird überliefert, hätten die Frauen auch toga und calcei getragen. Zwei besondere Trachten stellen die 2. und 5. Figur der Taf. XX dar, oben die der Flaminica, der Frau des Flamen, unten die der Vestalinnen. Beide entsprechen in wesentlichen Zügen der römischen Brauttracht. Die Haare der Flaminica waren in einer Haube aufgebunden, dann mit Granatzweigen, die mit weißen Wollenfäden gebunden wurden, umkränzt und schließlich überdeckt von dem Brautschleier, dem palliolum, das in diesem Falle feuerrot war und flammeum genannt wurde. Die Vestalinnen trugen um den Kopf gewunden sechs Haarflechten, die vorn verdeckt wurden durch ein Diadem von weißen und roten Wollbinden, den infulae, deren Enden, die vittae, auf die Schultern vorfallen; darüber lag das Kopftuch, hier suffibulum, weiß mit rotem Rande; es wurde vor der Brust mittels einer Brosche, der fibula, zusammengesteckt.

Die römische Tracht ist einerseits weniger einfach als die griechische, anderseits ist sie eintöniger, uniformer. Ein Kleidungsstück wie die Toga will für sich wirken, ganz unabhängig vom Körper, der schließlich unter den Stoffmassen ganz verschwindet. Uralte Trachten werden für bestimmte Zwecke in allen Einzelheiten konserviert; wo aber Änderungen erlaubt werden, bleiben sie nicht dem Individuum überlassen, sondern werden sofort durch die Mode für die ganze Nation sanktioniert.

W. A.

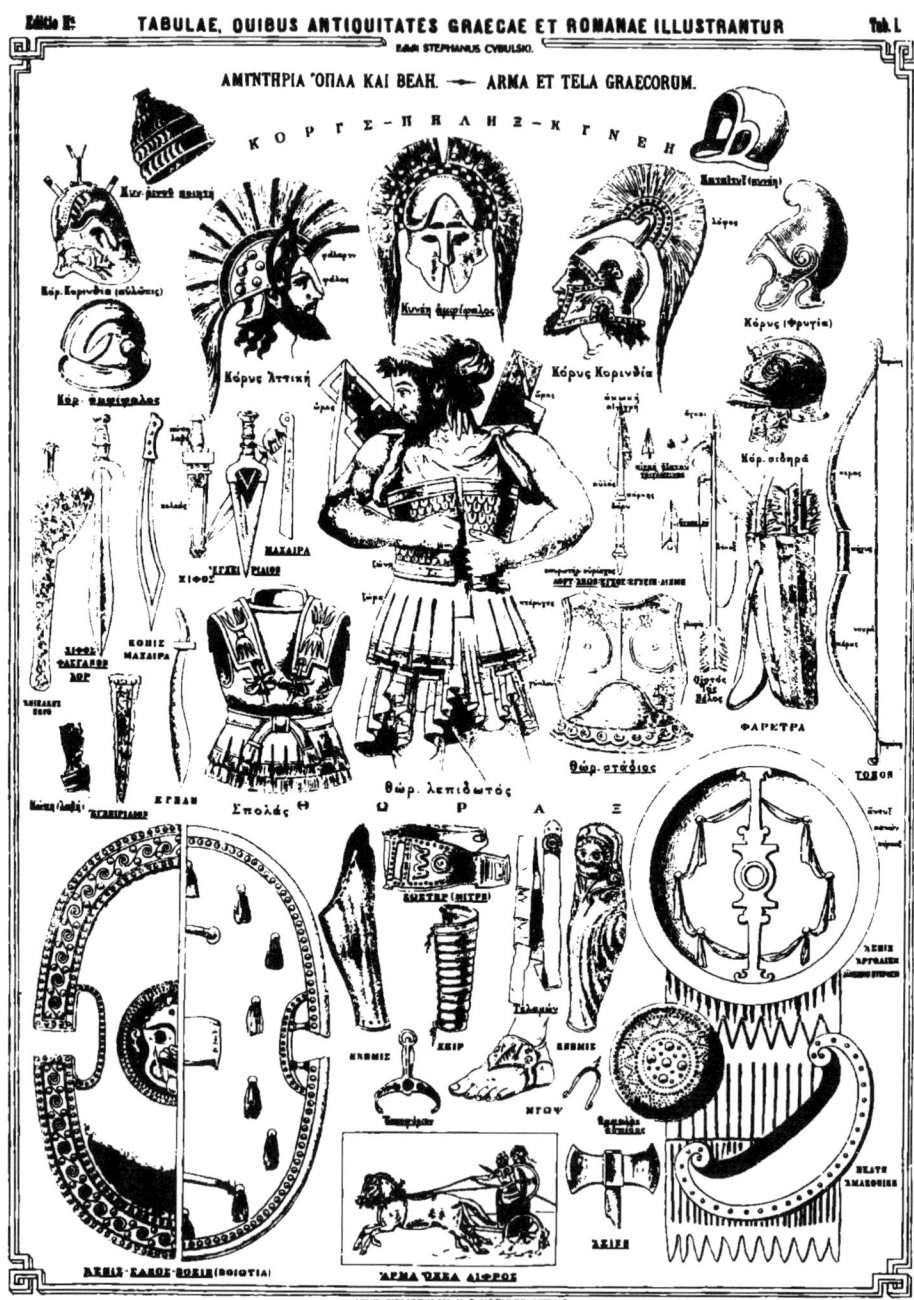

ἙΛΛΗΝΙΚΟΙ ΣΤΡΑΤΙΩΤΑΙ
MILITES GRAECI

(ἈΡΧΑΙΟΣ) ΜΥΚΗΝΑΙΟΣ ΣΤΡΑΤΙΩΤΗΣ.

ὉΠΛΙΤΗΣ.

(ἈΜΑΖΩΝ) ΣΑΛΠΙΓΚΤΗΣ.

ἹΠΠΟΤΟΞΟΤΗΣ (ΣΚΥΘΗΣ).

ΑΘΗΝΑΙΟΣ ἹΠΠΕΥΣ (ΠΕΛΤΑΣΤΗΣ).

(ἈΜΑΖΩΝ) ΓΥΜΝΗΤΗΣ.

Tabulae, quibus antiquitates Graecae et Romanae illustrantur. Ed. Stephanus Cybulski.
Nummi Graeci. ΝΟΜΙΣΜΑΤΑ ΕΛΛΗΝΙΚΑ.

Editio II.   Tabulae, quibus antiquitates Graecae et Romanae illustrantur. Ed. Stephanus Cybulski.   Tab. III*. 2
                                      Nummi Graeci. ΝΟΜΙΣΜΑΤΑ ΕΛΛΗΝΙΚΑ.

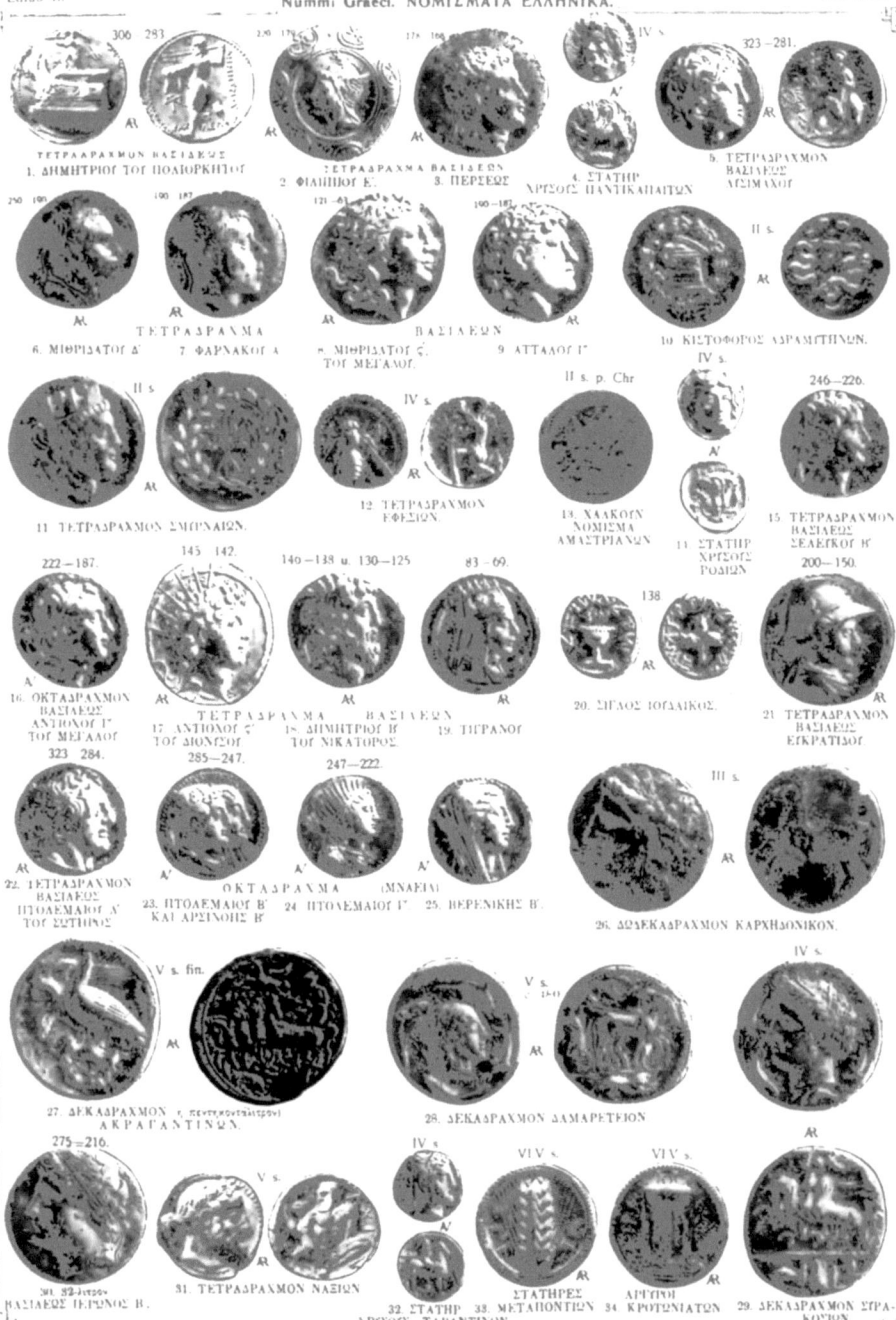

Tabulae, quibus antiquitates Graecae et Romanae illustrantur. Ed. Stephanus Cybulski.

II. Nummi imperatorum Romanorum.

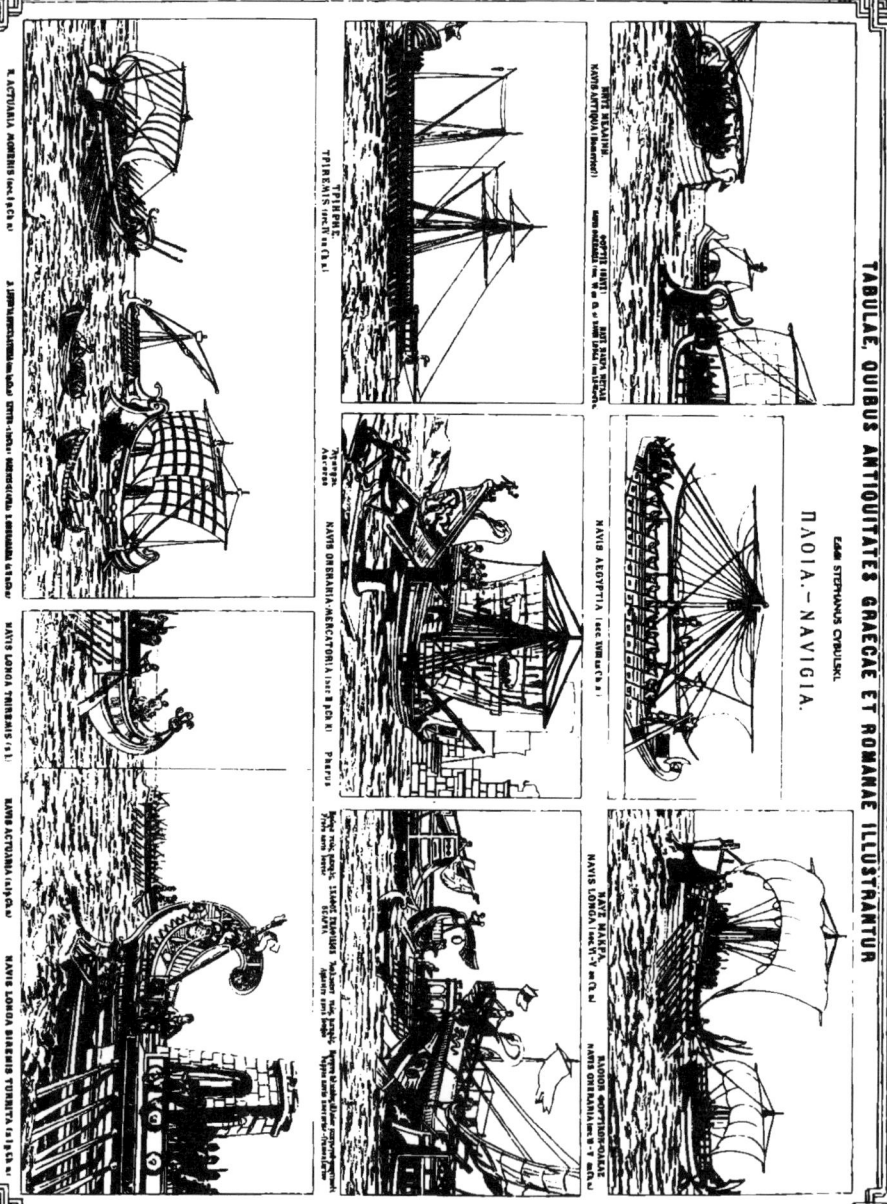

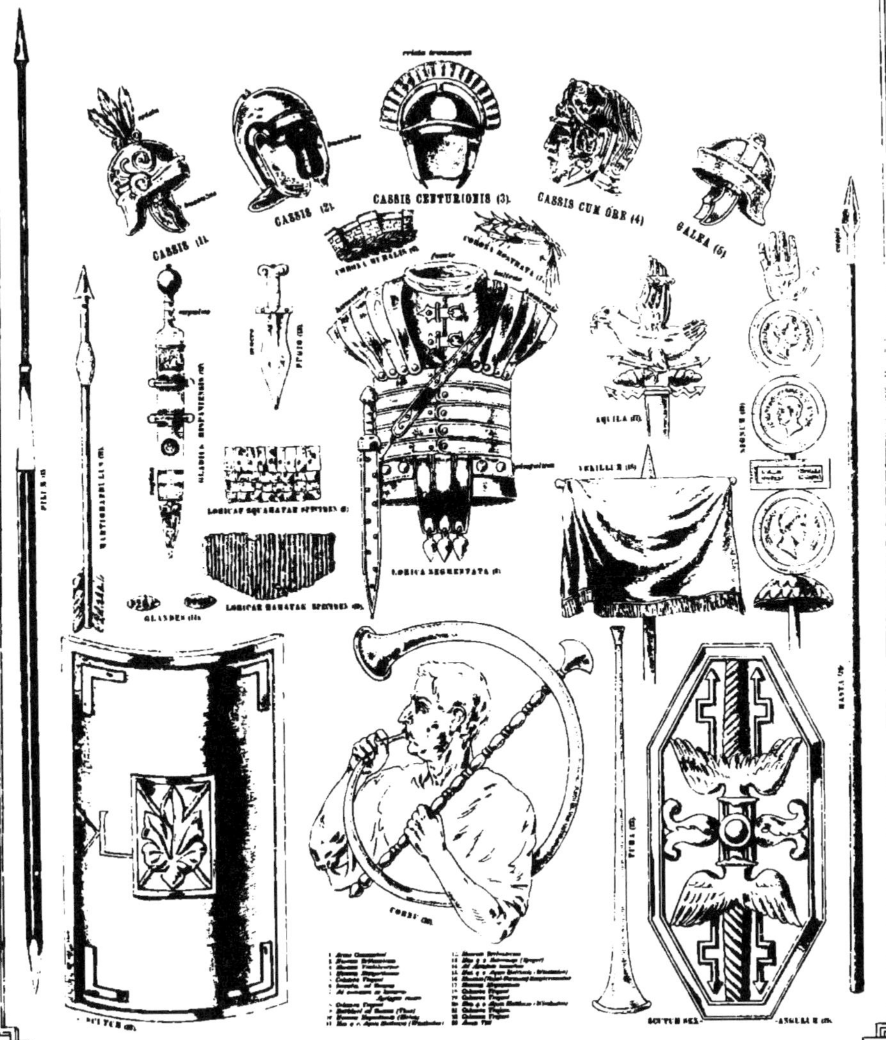

Tab. VI.

TABULAE, QUIBUS ANTIQUITATES GRAECAE ET ROMANAE ILLUSTRANTUR

Edidit STEPHANUS CYBULSKI.

MILITES ROMANI.

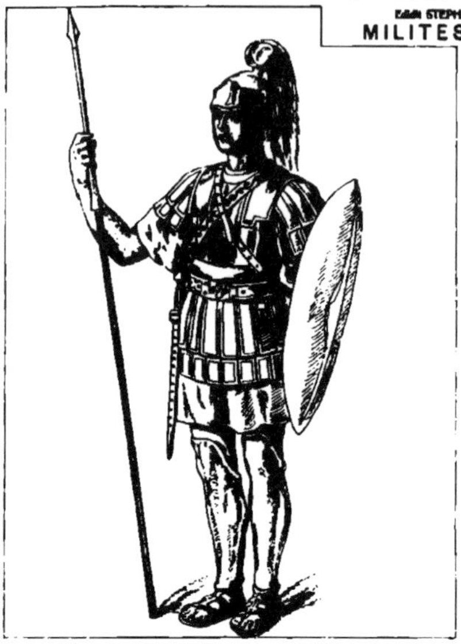

MILES LEGIONARIUS LIBERAE REIPUBLICAE AETATE.
(SIMULACRUM EXSTAT PARISIIS IN MUSEO TORMENTARIO).

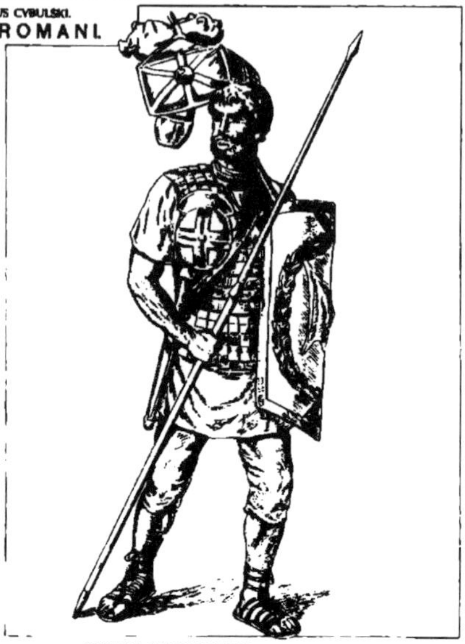

MILES IMPEDITUS PRINCIPATUS AETATE.
(AD COLUMNAE TRAJANAE PROSTYPON).

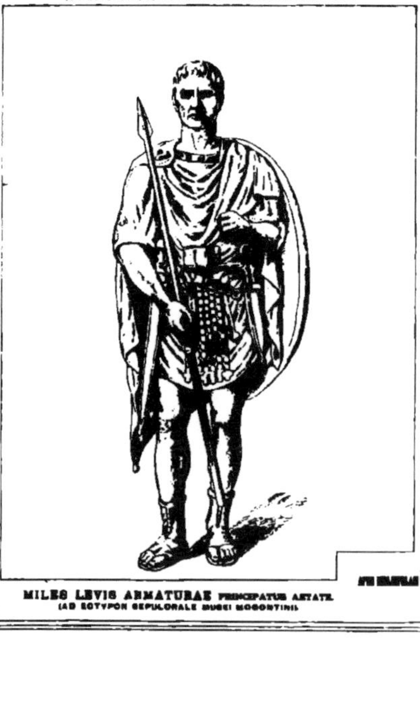

MILES LEVIS ARMATURAE PRINCIPATUS AETATE.
(AD ECTYPON SEPULCRALE MUSEI MOGONTINI).

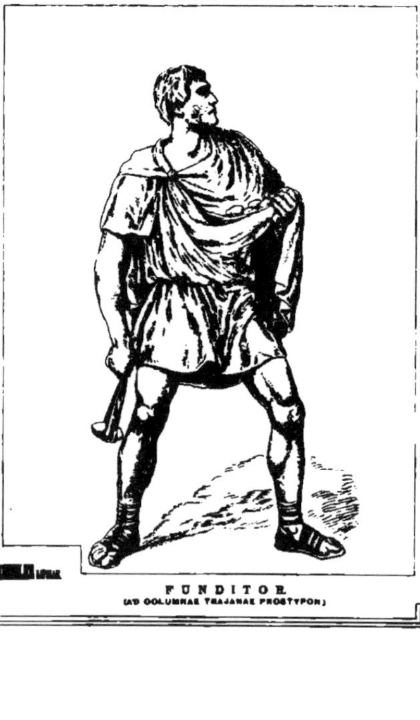

FUNDITOR.
(AD COLUMNAE TRAJANAE PROSTYPON.)

APUD BIBLIOPOLAM [illegible] LIPSIAE.

TABULAE
QUIBUS ANTIQUITATES GRAECAE ET ROMANAE ILLUSTRANTUR
Edidit STEPHANUS CYBULSKI

CASTRA ROMANA

1. PORTA PRAETORIA.
2. PORTA DECUMANA.
3. PORTA DEXTRA.
4. PORTA SINISTRA.
5. PRAETORIUM.
6. FORUM.
7. QUAESTORIUM.
8. TRIBUNI.
9. PRAEFECTI SOCIORUM.
10. LEGATI.
11. PEDITES DELECTI.
12. EQUITES DELECTI.
13. EQUITES EXTRAORDINARII.
14. PEDITES EXTRAORDINARII.
15. AUXILIA.
16. PEDITES SOCIORUM.
17. EQUITES SOCIORUM.
18. HASTATI.
19. PRINCIPES.
20. TRIARII.
21. EQUITES ROMANI.
22. ARA.
23. VIA PRINCIPALIS.
24. VIA QUINTANA.
25. VIA PRAETORIA.
26. STATIONES.

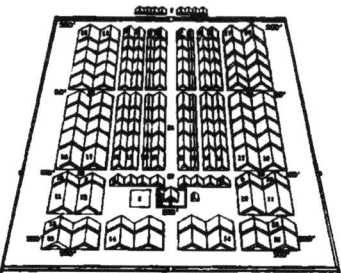

CASTRA LIBERAE REIPUBLICAE AETATE
(APUD POLYBIUM)

STATIO
(AD PROTOTYPON COLUMNAE TRAJANI)

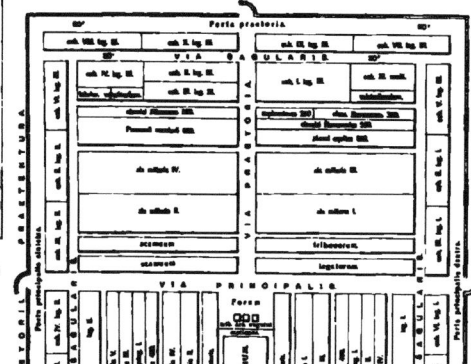

TENTORIA
(AD PROTOTYPON COLUMNAE TRAJANI)

VALLUM
(AD PROTOTYPON COLUMNAE TRAJANI)

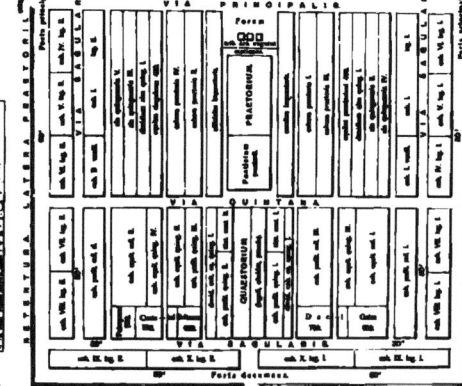

HORREUM
(AD PROTOTYPON COLUMNAE TRAJANI)

CASTRA PRINCIPATUS AETATE
(APUD HYGINUM)

APUD BIBLIOPOLAM K. F. KOEHLER, LIPSIAE

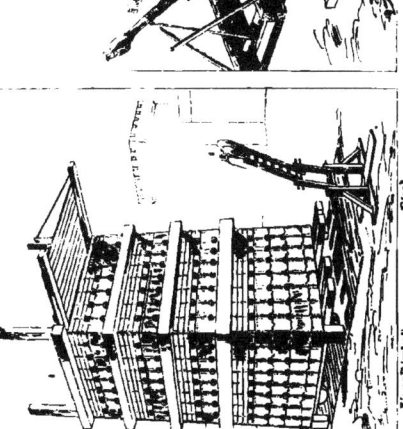

TABULAE, QUIBUS ANTIQUITATES GRAECAE ET ROMANAE ILLUSTRANTUR
Edidit STEPHANUS CYBULSKI

MACHINAE ET TORMENTA

APUD BIBLIOPOLAM K. F. KOEHLER, LIPSIAE.

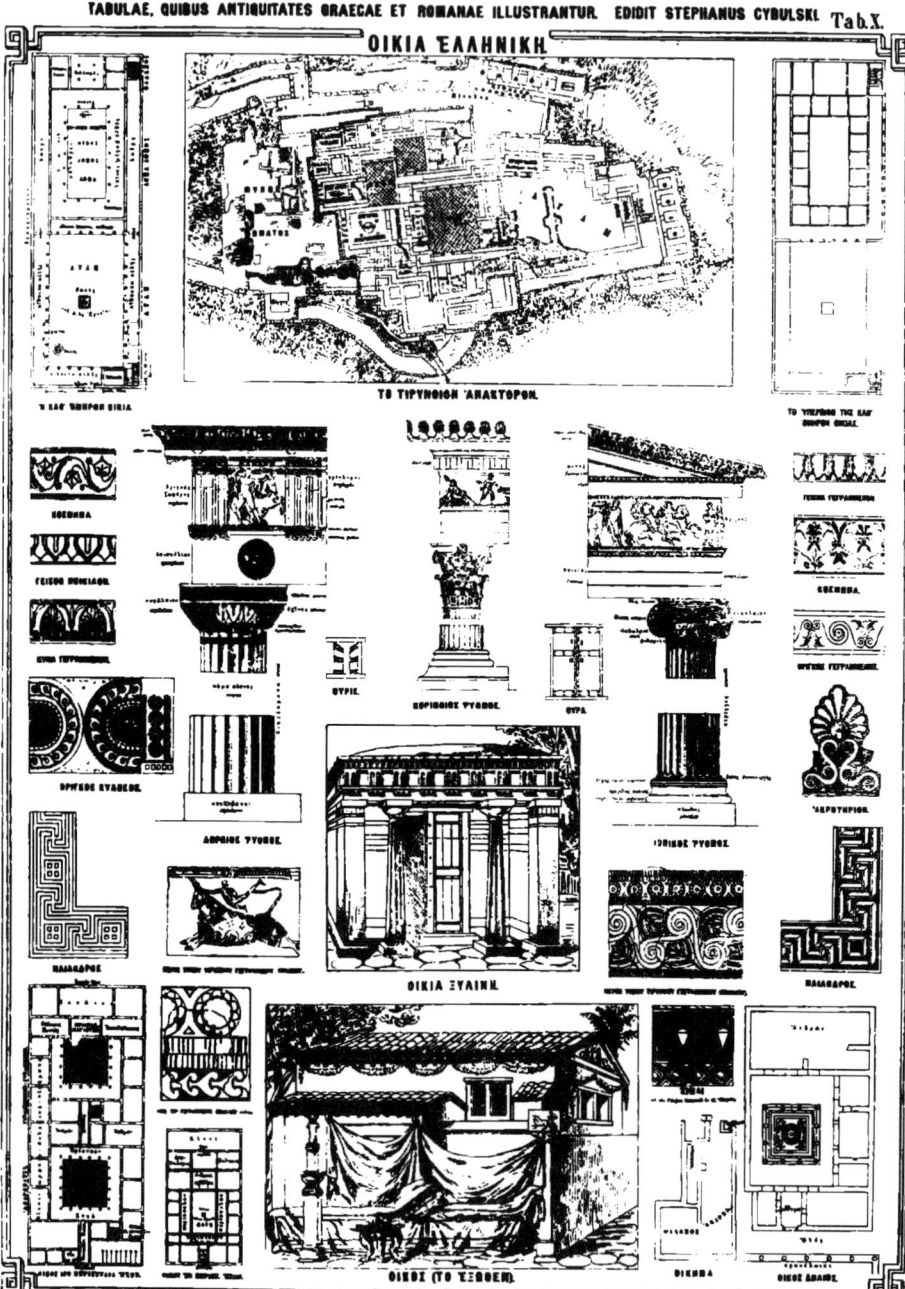

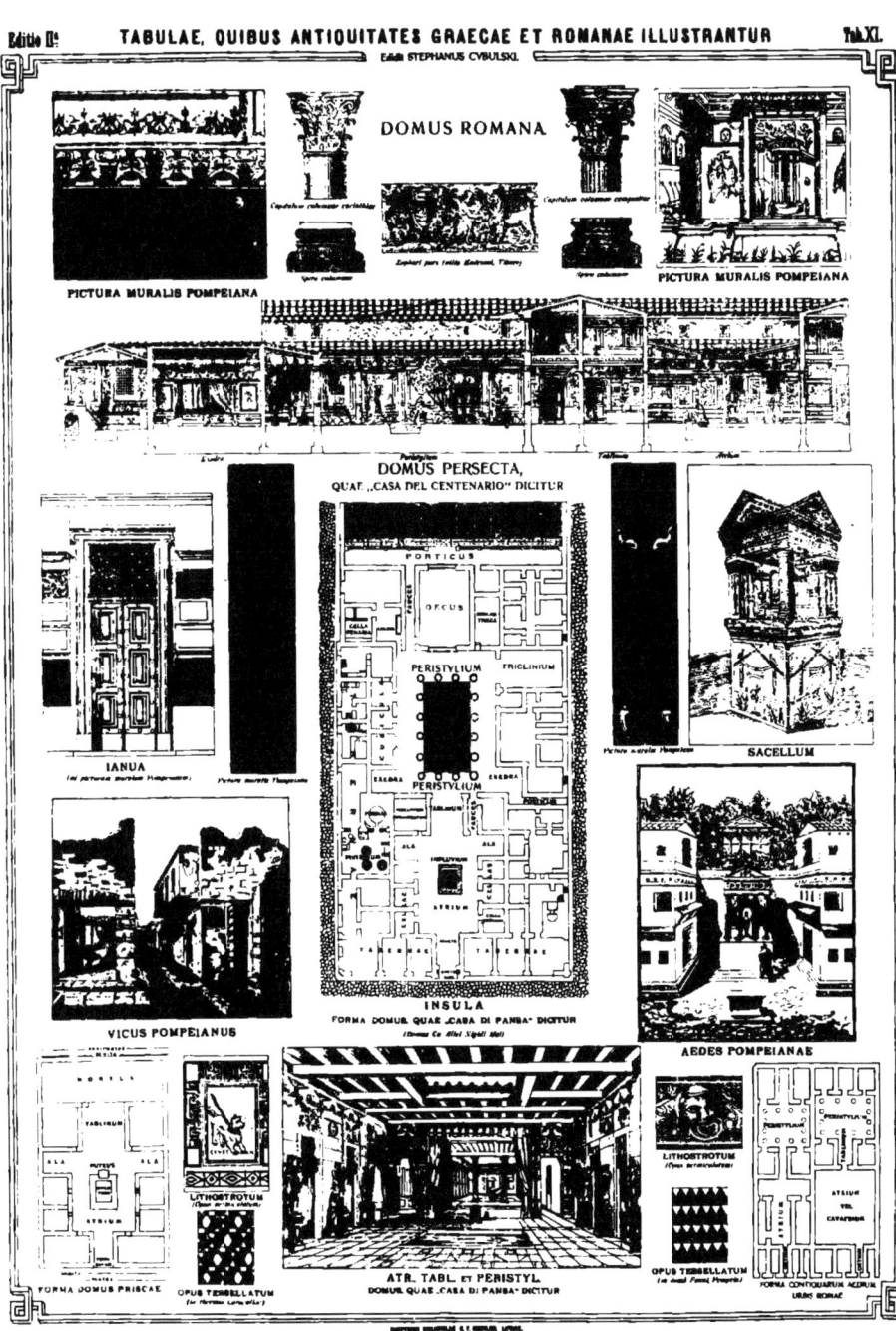

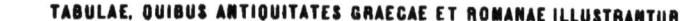

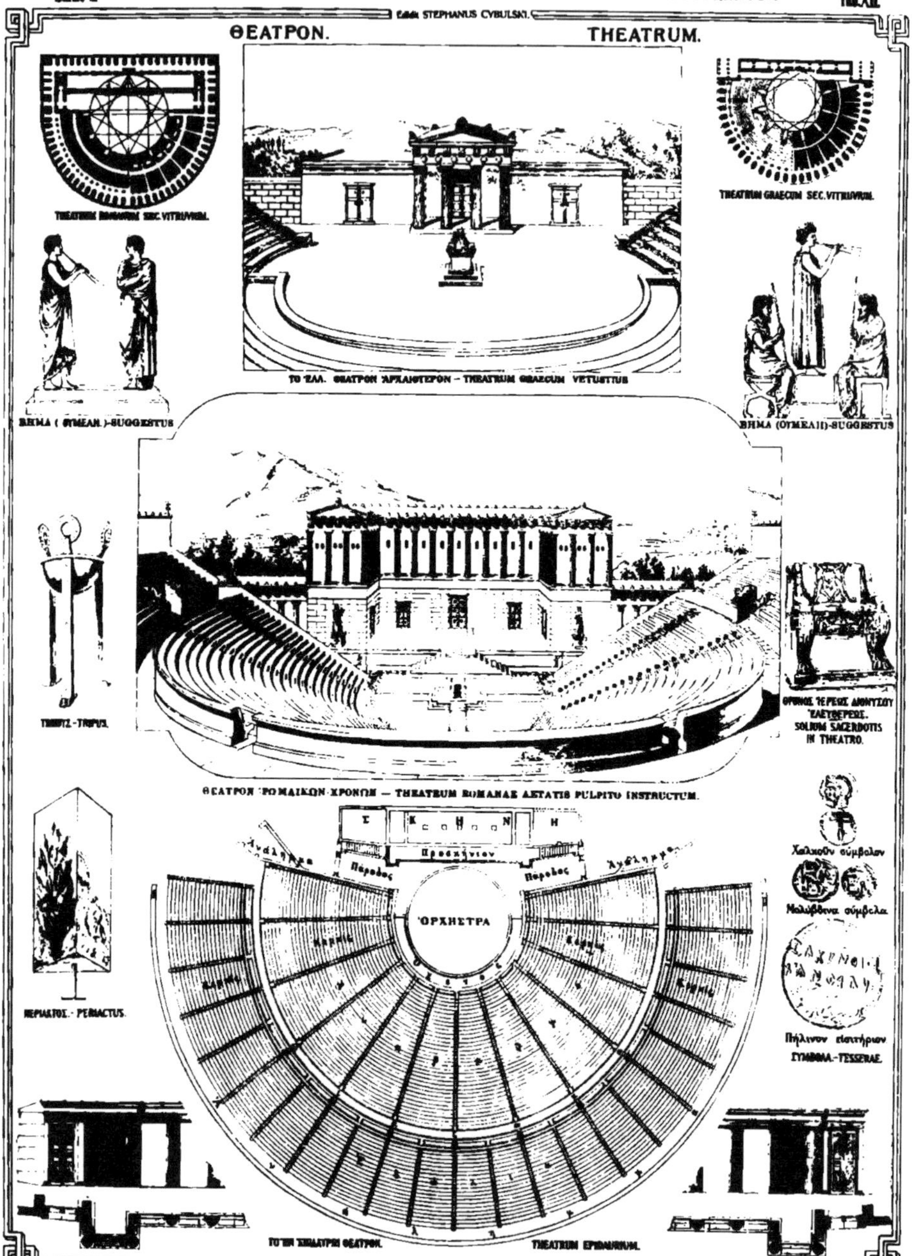
Edidit STEPHANUS CYBULSKI.
ΘΕΑΤΡΟΝ.
THEATRUM.
THEATRUM ROMANUM SEC. VITRUVIUM.
THEATRUM GRAECUM SEC. VITRUVIUM.
ΤΟ ΕΛΛ. ΘΕΑΤΡΟΝ ΑΡΧΑΙΟΤΕΡΟΝ – THEATRUM GRAECUM VETUSTIUS
ΒΗΜΑ (ΘΥΜΕΛΗ)-SUGGESTUS
ΒΗΜΑ (ΘΥΜΕΛΗ)-SUGGESTUS
ΤΡΙΠΟΥΣ - TRIPUS.
ΘΡΟΝΟΣ ΙΕΡΕΩΣ ΔΙΟΝΥΣΟΥ ΕΛΕΥΘΕΡΕΩΣ.
SOLIUM SACERDOTIS IN THEATRO.
ΘΕΑΤΡΟΝ ΡΩΜΑΙΚΩΝ ΧΡΟΝΩΝ – THEATRUM ROMANAE AETATIS PULPITO INSTRUCTUM.
Προσκήνιον
Πάροδος
Πάροδος
ΟΡΧΗΣΤΡΑ
Χαλκοῦν σύμβολον
Μολύβδινα σύμβολα
Πήλινον εἰσιτήριον
ΣΥΜΒΟΛΑ.-TESSERAE.
ΠΕΡΙΑΚΤΟΣ. - PERIACTUS.
ΤΟ ΕΝ ΕΠΙΔΑΥΡΩι ΘΕΑΤΡΟΝ.
THEATRUM EPIDAURIUM.

ΑΘΗΝΑΙ – ATHENAE.

TABULAE, QUIBUS ANTIQUITATES GRAECAE ET ROMANAE ILLUSTRANTUR. EDIDIT STEPHANUS CYBULSKI.

AΘHNAI – ATHENAE.

Η ΑΚΡΟΠΟΛΙΣ – ARX ATHENARUM

ΑΚΡΟΠΟΛΙΣ – ACROPOLIS

ΤΑ ΠΕΡΙ ΕΝΝΕΑΚΡΟΥΝΟΝ
LOCUS ENNEACRUNI

Ο ΠΕΙΡΑΙΕΥΣ – PIRAEUS

ΤΑ ΜΑΚΡΑ ΤΕΙΧΗ – MURI LONGI

LEGENDA:

URBS ROMA ANTIQUA

TAB. XVI

TABULAE QUIBUS ANTIQUITATES GRAECAE ET ROMANAE ILLUSTRANTUR. EDIDIT STEPHANUS CYBULSKI.
URBS ROMA ANTIQUA.

VESTITUS GRAECORUM.

ΧΙΤΩΝ-ΠΕΠΛΟΣ.   ΕΣΘΗΣ ΙΑΣ.   ΧΙΤΩΝ-ΧΛΑΙΝΑ.

ΧΙΤΩΝ-ΙΜΑΤΙΟΝ.   ΧΕΙΡΙΔΩΤΟΣ ΧΙΤΩΝ-ΧΙΤΩΝ-ΧΛΑΙΝΑ.   ΧΙΤΩΝ-ΙΜΑΤΙΟΝ.